**rowohlts
monographien
herausgegeben
von
Kurt Kusenberg**

Albert Schweitzer

in Selbstzeugnissen
und Bilddokumenten
dargestellt von
Harald Steffahn

Rowohlt

Gewidmet dem Andenken an Erwin R. Jacobi

Dieser Band wurde eigens für «rowohlts monographien» geschrieben
Den Anhang besorgte der Autor
Herausgeber: Kurt und Beate Kusenberg
Assistenz: Erika Ahlers
Schlußredaktion: K. A. Eberle
Umschlagentwurf: Werner Rebhuhn
Vorderseite: Albert Schweitzer (Foto: Erica Anderson)
Rückseite: Dorfstraße auf dem Hospital-Gelände von Lambarene
(Foto: dpa, Hamburg)

Veröffentlicht im Rowohlt Taschenbuch Verlag GmbH,
Reinbek bei Hamburg, November 1979
Copyright © 1979 by Rowohlt Taschenbuch Verlag GmbH,
Reinbek bei Hamburg
Alle Rechte an dieser Ausgabe vorbehalten
Satz Times (Linotron 404)
Gesamtherstellung Clausen & Bosse, Leck
Printed in Germany
780-ISBN 3 499 50263 1

21.–24. Tausend Februar 1983

Inhalt

Das Symbol   7
Idyll mit Schatten   22
Straßburg   39
  Jesus   40
  Bach   50
  Kant   62
Der Ruf   65
Der Oganga   78
Das eiserne Tor   92
Der Zugvogel   105
Das Kernproblem   125

Anmerkungen   134
Zeittafel   136
Zeugnisse   140
Bibliographie   143
Nachwort   154
Namenregister   155
Über den Autor   157
Quellennachweis der Abbildungen   157

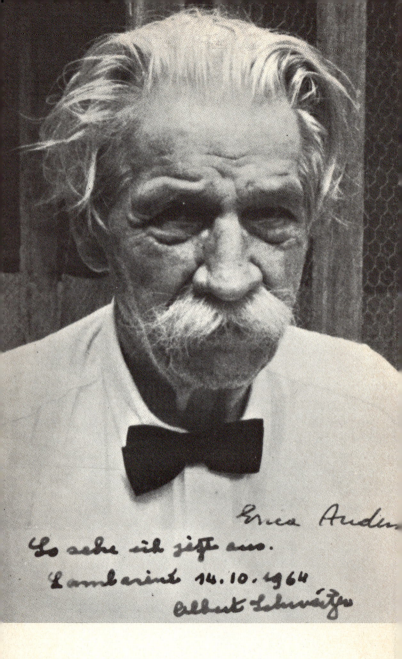

Das Symbol

Auf dem Bauplatz im Urwald ähnelt er dem alten Faust, der am Meeresufer Land kultiviert. Aber seine Worte sind nicht klassisch, sondern selbstverspottend, anekdotensicher zugespitzt. *Hat einer der Schwarzen bei mir im Spital gearbeitet, gilt er als «ausgebildet». Er wird leicht Arbeit finden, denn die Leute sagen: «Ja, wenn er's bei dem ausgehalten hat . . .»*[1]*

Das ist nicht fishing for compliments. Albert Schweitzer treibt nicht Image-Pflege, um dem Bilderbuch-Porträt vom Humanisten mit dem goldenen Herzen zu entsprechen. Der Härtetest der Nächstenliebe ist auf andere Weise bestanden worden: durch die Aufgabe einer gesicherten Doppelkarriere in Musik und Theologie vor 50 Jahren; und er wird täglich erneuert durch einen siebzehnstündigen Arbeitstag – noch jetzt, im 90. Lebensjahr. Weil dieser Dauerbeweis der Zuwendung zutage liegt, darf der Umgangston nüchtern sein. Wenn der Patriarch stundenlang die Erdarbeiten zum Bau einer neuen case für Schwarz oder Weiß überwacht, den Wegebau beaufsichtigt, das Ausladen einer Schiffsfracht dirigiert, dann sind die Anweisungen oft herrisch, die Rüffel herbe, die Scheltworte laut.

Denn nichts geht nach den Vorstellungen seiner europäisch anerzogenen Arbeitsmoral. Das liegt an der Mentalität des Naturkindes, mit der er es seit dem ersten Betreten dieser urweltlichen Region in Zentralafrika zu tun hat. *Bei geringer Arbeit liefert die Natur dem Eingeborenen so ziemlich alles, was er zu seinem Unterhalt im Dorfe braucht,* schrieb er 1920 im Rückblick. *Der Neger ist nicht faul, sondern er ist ein Freier. Darum ist er immer nur ein Gelegenheitsarbeiter, mit dem kein geregelter Betrieb möglich ist . . . Letzthin hatte ich einen Tagelöhner, um eine neue Hütte beim Spital zu bauen. Kam ich am Abend, so war nichts geschafft. Als ich mich am dritten oder vierten Tag erzürnte, sagte mir einer der Schwarzen: «Doktor, schrei nicht so mit uns. Du bist ja selber schuld daran. Bleib bei uns, dann schaffen wir. Aber wenn du im Spital bei den Kranken bist, sind wir allein und tun nichts.»*[2]

---

* Die hochgestellten Ziffern verweisen auf die Anmerkungen S. 134f.

Albert Schweitzer auf dem Bauplatz

Die Lektion hat der docteur gelernt. Sie ist, wie jede menschliche Erfahrung bei ihm, zum dauernden Besitz geworden. Gerechterweise ist zu sagen, daß die Urwaldzone Äquatorialafrikas sich in dem knappen halben Jahrhundert seines weiteren Wirkens nicht so durchgreifend geändert hat, um außer Kraft zu setzen, was in den Lehrjahren galt. Das vielzitierte Wort aus den Anfangszeiten: *Ich bin dein Bruder; aber dein älterer Bruder*[3], wurde zwar formal suspendiert, als er 1951 im französischen Vorwort zum Buch *Zwischen Wasser und Urwald* schrieb: *Jetzt müssen wir uns darein finden . . . daß der jüngere Bruder als mündig und genauso urteilsfähig wie der ältere Bruder betrachtet wird.* Aber das war nur skeptisches Referieren einer Lehrmeinung, welcher der eigene Augenschein sich widersetzte und von der das persönliche Handeln unberührt blieb.

Und so hört man denn auch an diesem Tag mißmutige Äußerungen des Alten, verpackt in Ungeduld. *Stoß ihm in die Rippen*[4], ermuntert er einen weißen Helfer, weil der Schwarze nicht tut, was er soll. Selbstbestimmung an diesem Punkt Afrikas sieht so aus, daß Schweitzer selbst bestimmt. Die progressiven Afrikaner in anderen Regionen des Erdteils erbittert solch autoritäres Gebaren. Sie wissen nicht oder wollen nicht sehen, daß unter dem kolonialistischen Symbol des Tropenhelms die genaue Antithese zum Kolonialismus wohnt: ein in Jahrzehnten gefestigtes Glücksgefühl, Helfer dieser Hilflosen zu sein. Zu Gelegenheiten wird es ohne Umschweife in Worte gefaßt, so etwa, als der Achtundachtzigjährige im April 1963 bei der Feier zum Goldenen Afrika-Jubiläum seinen Schwarzen versicherte, *daß ich zu euch gehöre bis zu meinem letzten Atemzug*[5].

Im tropischen Regenwald des Gabon ist jeder davon überzeugt. Die Patienten sowohl wie ihre gesunden Angehörigen, auch wenn die mit leidender Miene zum Bauplatz trotten, um die für die Ärmeren kostenlose Heilbehandlung ein wenig abzuverdienen, entbieten bei allen Gelegenheiten ein offenes «Bon jour, docteur». Nicht minder häufig hört man den gleichen Gruß im heimischen Idiom: «m'bolo». Er gilt unterschiedlos auch jedem weißen Helfer am Ort.

Und wenn der Wind einmal umschlüge in der friedlichen Urwaldregion? Wenn ein radikaler rassistischer Kurs die Verehrung für den ältesten Weißen Schwarzafrikas wegspülte wie der Ogowe die Abwässer des Spitals? Der berühmteste Entwicklungshelfer der Welt ist unerreichbar für Befürchtungen solcher Art. Nicht, weil dergleichen unausdenkbar wäre, sondern weil sein Haus längst bestellt ist:

Ich bin ganz erschüttert, daß mir ein so herrlicher Beruf bestimmt ist; das macht, daß ich innerlich unangefochten meinen Weg gehe. Eine große ruhige Musik umtönt mich innerlich. Ich darf erleben, daß die Ethik der Ehrfurcht vor dem Leben ihren Weg in der Welt zu machen beginnt. Das hebt mich über alles hinaus, was man mir vorwerfen oder antun kann.[6]

Der Elsässer mit der verschmitzten Weltnähe des dortigen Menschenschlages und dessen angeborenem Hang zum Übertreiben gewinnt dem ernsten Problem noch eine humorvolle Seite ab. Für den Fall, daß die Nachfahren gabunesischer Kannibalen ihn verspeisen könnten, hatte er eine Grabinschrift bestimmt: *Wir haben ihn gegessen, den Doktor Albert Schweitzer. Er war gut bis zu seinem Ende.*[7]

Auf dem Bauplatz überprüft der Besucher aus Deutschland seine Erinnerungen vom vorigen, zweieinhalb Jahre zurückliegenden Aufenthalt an der Erscheinung von jetzt. Hat der «Vorarbeiter» mit der ausgebeuteten Hose, der schwarzen Fliege auf dem kurzärmeligen Hemd und dem wirren Haarschopf gelblich-weißer Strähnen sich sichtbar verändert? Vielleicht ist sein Aufstehen schwerer geworden, stärker vom Willen, es zu zwingen, bestimmt. Vielleicht hört er etwas schlechter. Mag sein, daß die Pausen in sich gekehrter Zurückgezogenheit länger sind. Der Gang mag gebeugter sein. Aber das bernsteinfarbene Auge ist hell und gegenwärtig, die Schlagfertigkeit unverbraucht, die Vitalität unter der senkrechten Sonne nach wie vor enorm. Wenn er zwanzigmal am Tag aus dem Jeep klettert, mit dem ihn die amerikanische Fotografin österreichischer Herkunft, Erica Anderson, durchs weitläufige Gelände chauffiert, weist er jeden stützenden Arm zurück. *Hilf nie einem alten Mann, du demütigst ihn damit.*[8]

Der Jeep befördert nicht nur den Amateur-Architekten, der den französischen Missionaren die sonnenabwehrende Ost-West-Richtung seiner Bauten abgeschaut hat und der die Maxime vertritt, *wenn am Äquator ein Zimmer heiß ist, gehört der Architekt ins Loch*[9]; der Vielzweckwagen transportiert auch Steine und Sand. Vergnügt nimmt der Bauherr ein Stück versteinertes Holz aus dem Wagen und hält es ins Licht. *Ein idealer Baustoff. Wir hatten großes Glück, dieses Material zu finden. Ich sage natürlich nicht, wo. Wer einen Steinbruch gefunden hat, behält es für sich. Da hört die Nächstenliebe auf . . . Edel sei der Mensch, hilfreich und schlau . . .*[10]

Den Ausbau des Krankendorfes begleitet sisyphushafte Frustration. Der vorausplanende Optimismus, einmal auf Vorrat zu bauen, ist bei Fertigstellung jeder neuen Unterkunft schon wieder vom Bedarf eingeholt. Der Zulauf der Kranken sowohl wie die Anwesenheit weißer Besucher hat ständig zugenommen. Daher ist es unrealistisch, wenn der rüstige Greis sich der Hoffnung hingibt: *Hoffentlich bin ich in einem Jahr nicht mehr so ein armer Teufel, der immer bauen muß, der immer zu wenig Schlaf bekommt.*[11]

Der zweite Teil des Satzes weist auf die andere Bürde hin, die nicht minder kraft- und zeitraubend ist: die Korrespondenz. Er zeigt auf ein verschnürtes Bündel unter dem Arm: *Weißt du, wieviele Briefe ich heute geschrieben habe? Elf!*[12] Und das alles *mit der armen Schreibkrampfhand*[13], dem Erbstück der Mutter. So könnte altgriechische Phantasie eine Tantalusqual ersonnen haben: Ein Mann wird für seinen Ruhm verurteilt, mit einem Krampf im Arm bis in die Nächte Dankesbriefe zu schreiben. Die abgründige Vorstellung mißachtet natürlich einen wesentlichen Unterschied. Bei den Griechen wird derlei auferlegt für Selbstüberhebung, für menschliche Schuld. Schweitzer hat den Ruhm nicht gesucht, eher gefürchtet. Der Ruhm kam über Urwaldpfade und nahm Besitz von ihm. Dem beugt er sich lediglich in der Demut, die sein ursprünglicher Seinsgrund ist. So gesehen ist das Briefeschreiben auch keine Qual, höchstens Mühsal. Er weiß: was er in Menschenaltern von sich abgegeben hat, kehrt heute in Fluten von verehrungsvollen Grüßen

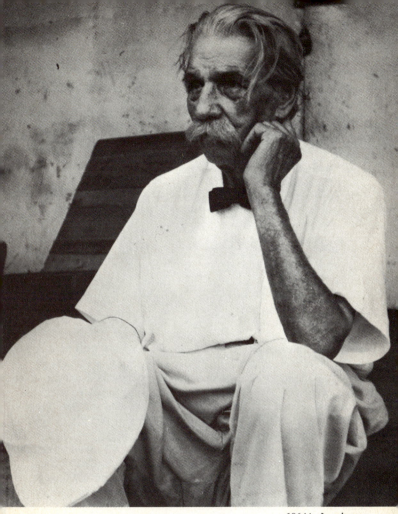

1964 in Lambarene

und materiellen Hilfeleistungen zu ihm zurück. Dem will und muß er sich abermals stellen. Und so hat denn die winzige, geduckte, erdfeste Handschrift heute wieder viel Dank bezeugt, denn *die Kälte in der Welt rührt daher, daß wir . . . Dankbarkeit . . . nicht genugsam kundgeben*[14].

Wenn der Tag wirklich einmal ganz «normal» zu laufen scheint, nur mit Handwerk (*das ist praktische Theologie*[15]) und Korrespondenz (*jetzt bin ich ja ein armes Roß, das immer Briefe schreiben muß*[16]) – dann spült

Dankesbrief, geschrieben 1954

der Ogowe Touristengruppen an Land, Amerikaner, Schweden, Deutsche, Menschen aus aller Welt. In der nächsten Stunde taucht nur hin und wieder ein weißer Helm, ein struppiger Nietzsche-Bart in Grau, aus dem Gewoge auf. Die Kameras klicken, die mitgebrachten Schweitzer-Schriften mit eben erbeutetem Autogramm werden wie eine Trophäe geschwenkt. Die Flugreise zur zweitgrößten afrikanischen Attraktion nach den Victoria-Fällen[17] hat sich gelohnt.

Das ist der Anblick, der flüchtige Beobachter als «Publizitätssucht» reizt; dies kreiden sie als Primadonnen-Eitelkeit an. Doch sie spießen einen Star wider Willen auf. Er sieht das Ganze als Verpflichtung an. *Ich darf mich keinem Menschen, der glaubt, daß ich ihm helfen kann, und sei es auch nur durch ein Autogramm, versagen. Vielleicht empfängt er davon einmal in einer dunklen Stunde Ermutigung.*[18]

Hier wird der einstige selbstgesetzte Auftrag, den schwarzen Lazarus von seinen Leiden zu befreien, zur humanitären Gruppentherapie. Die Schrittfolge ist von logischer Zwangsläufigkeit: Wenn das Blendlicht des öffentlichen Interesses in eine Eremitenklause fällt und den Bewohner zum Heiligen macht, dann kann er nicht derselbe bleiben wie zuvor. Nicht, daß Ruhm und Rummel sein Leben korrumpieren müssen (und sie haben es nicht korrumpiert); aber gegenüber der Außenwelt hat Albert Schweitzer sich zur Einsicht gezwungen, er könne sich den vielen, die ihn suchen und brauchen, nicht entziehen. Wer wird ein Saatkorn setzen und dann den Halm beschneiden? Wer durch Verzicht und Opfer, durch zivilisationsfernes Wirken in der Stille, ohne Demonstrationsabsicht ein so wirkmächtiges Kontrastprogramm zu den großen leeren Worten und folgenlosen Manifesten praktiziert und wer dadurch zum Gegenwartssinnbild vom glaubwürdigen Menschen wird – der nimmt schließlich auch die Folgelasten in Kauf. Er fängt den Bumerang seiner ethischen Ausstrahlung auf und unterwirft sich dem Kult. Die Fotografier- und Drängelszenen sind reflektiertes Charisma. Manchmal hilft freilich nur noch die selbstglossierende Ironie, so, wenn der Geehrte während seiner Amerika-Reise von 1949 ächzte, er komme sich *wie ein vom Weihrauch betäubter Esel*[19] vor.

Sind Lambarenes Eintagsfliegen auf und davon, sind die besonders anstrengenden Kurzvisiten vorüber, dann legt die Erschöpfung sich in auffallend harten Schatten auf das breitflächige Gesicht. Zum erstenmal an diesem Tag wirkt der Neunundachtzigjährige müde und sehr alt. Beim Ausruhen auf einer Treppenstufe vor der spartanischen Klause stellt sich momentweise Bedrückung ein. *Ich habe keine freie Stunde, keinen Sonntag. Das versteht keiner.*[20]

Nach einer Weile steht er ruckhaft auf und ruft seinen Pelikan, übrigens stets in Französisch: *Viens le pélican!* Die hohe Stimmlage überrascht immer wieder bei der kräftigen Statur. Gierig stürzt der Vogel über die Schale mit Fischen her. Das originelle Schauspiel ist erheiternd,

Das «Doktorhaus» in Lambarene

doch der Ernährer bleibt ungerührt. Unschwer läßt sich herausfühlen, was er denkt. *Ein Dasein setzt sich auf Kosten des anderen durch.*[21] Es ist der schmerzliche, unaufhebbare Einspruch der Natur gegen das Sittengesetz der reinen Menschlichkeit. Es ist die Fessel, die der *Lehre von der Ehrfurcht vor dem Leben* nur kleine Schritte erlaubt. Ihr Verfasser weiß, daß sie nicht ein Schützen um jeden Preis bedeuten kann. Er liebt dieses philosophische Kind seiner ersten afrikanischen Einsamkeit mehr als jede andere seiner Schöpfungen, gerade wegen seines Geburtsfehlers; er hat es großgezogen und fünfzig Jahre betreut. Nie hört er auf, sich bewußt zu sein, *in wie vielem wir ohnmächtig sind, ja, wieviel Leid wir selbst anderen Wesen schaffen, ohne es verhindern zu können*[22].

Da Lambarene nach eigenem Bekenntnis ein Symbol seiner Gedanken ist, nicht nur Willensgemeinschaft mit Jesus, sondern die vorgelebte Verwirklichung seiner *Kulturphilosophie*, so müssen deren Denkergebnisse und Konfliktnöte hier handgreiflich und gegenwärtig sein. Nicht immer ist das ethische Grundsatzproblem so fotogen wie bei der Speisung des Pelikans. Viele Hunde und Katzen bevölkern das Spital, entweder weil Europäer aus der Gegend sie bei der Abreise in Pflege gegeben oder weil Schwarze sie in oft erbarmungswürdigem Zustand abgeliefert haben. Wenn der Nachwuchs die Ernährbarkeit und die Garantie individueller Obhut in Frage stellt, so wird er getötet. Der Schirmherr der Lambarene-Kreatur überläßt es nicht anderen und macht den Schmerz darüber mit sich ab. Der unerbittliche Realist, der Mitgefühl und Sentimentalität stets auseinandergehalten hat, zwingt sich zu diesem Wahrhaftigkeitsdienst an seiner Lehre, um nicht so zu handeln wie *die Hausfrau, die nicht mitansehen kann, wie der Fisch oder das Huhn getötet werden; sie läuft fort, schlägt die Tür zu und die Hände vors Gesicht und überläßt es dem Mädchen, dem es ebenso geht und das dann aber, weil es muß, in trostloser Unerfahrenheit die schlechteste Methode anwendet*[23].

Die Alternativ-Anleitung aus einer ethischen Predigt von 1919: . . . *ein Hammerschlag auf den Kopf*[24].

Vielleicht ist es trotzige Kompensation des partiellen Tötungszwanges, wenn mancher schwärenbedeckte Hund, vergeblich den Fliegen wehrend, am Leben erhalten wird. Die Schalen der Waage von Fürsorge und stummer Qual scheinen dabei nicht einmal pari zu stehen; das Leiden überwiegt. Aber das Nein zur Erlösung muß respektiert werden. Es hat, wie jeder praktische Anwendungsfall in Lambarene, seine gedruckte Rechtfertigung hinter sich: *Nur subjektive Entscheide kann der Mensch in ethischen Konflikten treffen. Niemand kann für ihn bestimmen, wo jedesmal die äußerste Grenze der Möglichkeit... der Erhaltung und Förderung von Leben liegt.*[25]

Wie problemlos einfach ist, daran gemessen, das Verhältnis zwischen einer großgewachsenen einheimischen Spinne und einem europäischen

Gast. Dieser, pikanterweise Vorsitzender eines Tierschutzvereins, eilte leicht verstört aus seiner Behausung zum Gastgeber und bat um Abhilfe. Der prinzipielle Gegner von Wertskala und Stufenethik beschied den Bittsteller freundlich, aber bestimmt: *Laß die Spinne zufrieden, sie war vor dir da.*[26] Diejenigen, die sich unterstehen, in Schweitzers Gegenwart wie zu Hause eine Ameise auf ihrem Hemdsärmel zu zerdrücken, obwohl kein zwingendes Muß vorliegt, werden in keineswegs gespieltem Ärger zurechtgewiesen: *Hier im Spital gehört die Ameise mir!*[27]

Die animalische Vielfalt zwischen den langgestreckten, flachen Wellblechdächern hat bei vielen die Vorstellung vom biblischen Garten Eden belebt. Hund und Katze liegen friedlich beisammen. Schlimmstenfalls sind sie aneinander desinteressiert. Zahlreiche Ziegen meckern durch das Areal. Vornehmlich des Gartendüngers wegen werden sie gehalten und, da sie die unerwünschten Schößlinge abnagen, als Pflanzenpolizei. Die Hühner sind zum Eierlegen da. Außerdem vertilgen sie jede kleine bis mittlere Schlange, die den Weg der harten Schnäbel leichtsinnig kreuzt. (Die Fleischernährung der Weißen wird durch Zufuhr von außen gedeckt; der Hausherr ißt fleischlos.) Einige Schimpansen werden durch lange dünne, an Bäumen befestigte Ketten vor zu großem Unfug bewahrt. Eines Tages allerdings führt kein Weg mehr an einem zoologischen Garten Europas vorbei. In der Umzäunung vor dem «Doktorhaus» wohnen drei Antilopen. Auf der Brüstung unter dem ausladenden Dach turnt Habakuk, der Papagei. Das einzige stets unfreundliche Tier ist der cholerische Truthahn, der den Hofplatz zwischen Doktorhaus, Küche und Speisesaal beherrscht. Jeder hat Ärger mit ihm. Doch er besitzt einen hochgestellten Fürsprecher. *Pardon*, antwortet der auf Beschwerden (das Wort leitet stets einen Widerspruch ein): *Er ist eben so, und mir ist er seit langem lieb, weil er in dem gleichen Wahn lebt wie ich: Er meint auch, er sei der Herr vom ganzen Spital.*[28]

Vom Fluß her steigt die Nacht ans Land, nicht gelassen wie bei Mörike, sondern fast körperlich greifbar im Austausch mit dem rasch schwindenden Licht. Im Spitaldorf – ein Dorf ist es immer gewesen, denn die Kranken sollen sich wie Zuhause fühlen – ist ein Behandlungstag zu Ende gegangen, mit Konsultationen, Operationen, Injektionen, Visiten, Tabletten-Ausgabe, Einweisung, Entlassung, Entbindung. Die Patienten oder deren Angehörige haben ihre Ration Kochbananen, Reis, Zuckerrohr, Maniok abgeholt, um alles am offenen Feuer vor ihren Hütten selber zuzubereiten.

Der Gong um sieben Uhr ruft die weiße Mannschaft zum Abendbrot. Die dreißig bis vierzig Schwestern, Ärzte, Helfer, Gäste (wobei Gäste meist zugleich Helfer sind und im Spitalbetrieb amateurhaft-nützlich funktionieren) sitzen um die lange Tafel mit der markanten Mittelpunktfigur. Links neben dem Senior Mathilde Kottmann, vierzig Jahre in Afrika, rechts Ali Silver, neunzehn Jahre in Afrika. Die Plätze sind red-

Krankentransport

lich verdient. Schon manchem fiel der Vergleich zu Leonardos Gemälde vom Abendmahl ein. Parallelen in Schweitzers Leben mit urchristlichen Motiven liegen immer nahe, da er sein Handeln als Nachfolge im Wortsinn versteht. Bis zu bewußter äußerlicher Nachahmung ging er nie; in unserem Fall hat einfach der Gesichtspunkt praktischer, übersichtlicher Tischordnung die Nähe zum Urbild bewirkt, sonst nichts.

Wenn der zweiten warmen Mahlzeit des Tages der Abendchoral folgt (ein «Gesangbuch für Elsaß-Lothringen» in der Auflage von 1914 gibt Melodien und Texte), dann erlebt die Runde den Hausherrn in einer der letzten Betätigungen, die ihm aus dem Dasein des Polyhistors geblieben sind. Von der ärztlichen Arbeit hat er sich bis aufs Raterteilen zurückgezogen (*daß ich die nötigen Ärzte und in guter Qualität habe, ist ein Lichtschimmer in meiner trüben Existenz*[29]); Buchpläne, vor allem zur *Kulturphilosophie*, scheitern am Tagesanspruch (*ich trage manches im Schädel, aber das Bauen ist vordringlicher*[30]); das Orgelklavier ist nach Hause verfrachtet worden (*ich muß ans Sterben denken*[31]); die Sonntagspredigten halten andere (schon der Achtzigjährige fand sich *jetzt manchmal zu müde*[32] dazu). Aber nun steht er von seinem Platz auf und geht um die Tafel zum Klavier und begleitet – nach einführender Improvisation – einen Choral, der zu seinen liebsten gehört:

Abend ist es, Herr, die Stunde
ist noch wie in Emmaus,
daß aus deiner Jünger Munde
jene Bitte fließen muß:
Bleib bei uns im Erdental,
halt mit uns dein Abendmahl,
und dein Friedensgruß erfülle
Herz um Herz mit heilger Stille.

Tonangebend und doch in sich gekehrt, sitzt der alte Meister, dessen Orgelkunst die Kathedralen gefüllt hat, unter flackerndem Petroleumlicht und spielt einfache Notensätze auf einem Klavier mit bräunlich verfärbten Tasten und von kaum mehr bestimmbarer Qualität. Aber er liebt es. Ein schwarzes Lamm trottet herbei und läßt sich dort nieder. Der deutsche Choral der vielsprachigen Runde verwächst mit dem Stimmengewirr der nächtlichen Natur, die nur durch Moskitogitter geschieden ist. Bild und Klang vereinigen sich zu einem Eindruck von unbeschreiblichem Frieden. Gewachsenes aus langen Zeiträumen stilisiert sich ohne Bemühtheit zu einem Motiv von biblischem Zuschnitt, von mythischer Zeitlosigkeit. Hier stellt ein Mann ohne den geringsten Willens- oder Propagandaaufwand seine eigene Legende dar, denkt der Zuschauer, dessen Auge noch nicht vom Anblick des Langgewohnten gleichgültig geworden ist; hier wird Albert Schweitzer zum Symbol der

Patienten warten auf Behandlung

Petroleumlampe im Zimmer Albert Schweitzers

Stätte, die das Symbol seiner Gedanken ist. Die Schweitzer-Symphonie eines langen Tages klingt in einem Andante von harmonischer Vollkommenheit aus.

Tagsüber wechselten die Einzelszenen im Thema wie im Ausdruck mitunter abrupt. Hütten-Konstruktion und politischer Kurzkommentar, Geburtsschein und theologischer Disput, Lepradorf-Besuch und brieflicher Dank, Empfangsfröhlichkeit und Abschiedsstummheit – das waren einige Ereignisse. Barschheit und rettende Selbstironie, Kritik und bestechender Charme, diskussionslose Order und erwärmende Herzlichkeit – das waren die Tonarten der Begleitmusik. Nun aber: «Was gewesen, werde stille», wie es in einem anderen der bevorzugten Spitalchoräle heißt. Wie auch immer das Charakterbild draußen in der Parteien Gunst und Haß schwanken mag, teils Genie der Menschlichkeit und Inkarnation der Weltmoral, teils Willensknoten und altersstarres Autokratentum: Jetzt bleibt von allen Gesichtern dieses Menschen, den wirklichen und den gedachten, nur dasjenige des betagten Hausvaters im Stile des Matthias Claudius, der das Tagesgeschäft für sich und die Seinen mit einem christlichen Feierabend friedvoll beschließt.

Dem Lied folgt die Lesung. Etappenweise geht sie ausgewählte Kapitel des Alten und Neuen Testaments durch, erst deutsch, dann französisch, denn Luther zu verstehen, gelingt auch denen nicht, die eingeübt sind, ein schlichtes Lied mit anzustimmen. Auch in der anschließenden Interpretation des Textes nimmt der einstige Vikar und Privatdozent der evangelisch-neutestamentlichen Theologie Rücksicht auf seine französischsprachigen Tischgenossen und wiederholt die Deutung des Bibelabschnitts noch einmal für sie. Heute hält er sich beim Propheten Amos auf, den er den *gewaltigsten* nennt: *Mit ihm ist die Humanität in die Religion gekommen, zum allerersten Mal.*[33]

Laternen huschen durchs nachtschwarze Gelände, über dem die Schwüle der Äquatornähe liegt. Die Tischgemeinschaft hat sich aufgelöst. Der Rest des Abends gehört privater Beschäftigung, letzten Visiten, vielleicht einer eiligen Operation, später Neuaufnahme; bei Albert Schweitzer und seinen vertrautesten Helferinnen nie endender Schreibarbeit.

Beim Eintreten in seine Mönchsklause stößt man unvermutet auf die quälendste Alterssorge, die Atomgefahr. Ein Heft liegt aufgeschlagen auf dem Tisch. Gerade werden entsprechende Zeitungsausschnitte einsortiert (sei es aus eigener regelmäßiger Lektüre von «Le Monde» und dem «Spiegel», sei es aus zugesandter Post der Gesinnungsfreunde). Viele ausführliche Briefe gelten ausschließlich diesem Existenzproblem. Einsteins Gewissensqual trieb auch seinen Freund in die Aktivität. Er will nicht von den Zinsen seines Ruhms konfliktlos leben. Sie werden ohne Rücksicht auf Ansehensverluste unverzüglich wieder ins Weltgewissen investiert.

Die Rede kommt auch auf die sonstige Weltpolitik, die der aufmerksam beobachtende, vielseitig informierte Zeitgenosse engagiert verfolgt. Vietnam? *Nicht zu halten. Wie kann Johnson verantworten, so viele Menschen dort zu opfern? Unsummen Geldes. Kennedy hatte es begriffen, er hatte den Kurs ändern wollen. Der Neue begreift es nicht.*[34]

Ein Album ist nach Lambarene mitgereist, in grünes Leder gebunden, in einer Metallkassette zum Schutz gegen die tropische Feuchtigkeit. Es ist eine Bilderchronologie von Schweitzers Jugendstätten, mit Unterzeilen aus den autobiographischen Texten – Ergebnis einer Fotoreise von Straßburg nach Mülhausen, von Günsbach nach Kaysersberg. Der heimatverbundene Elsässer freut sich sehr. Fast jede Seite regt ihn zu Kommentaren, Erinnerungen, Rückblicken an. Als das Gymnasium von

Mathilde Kottmann

Mülhausen seinen fotografischen Auftritt hat, kommt die bekannte Geschichte mit den zu weiten Hosen im Abitur, aus *Kindheit und Jugendzeit»*, worin der gestrenge Oberschulrat Albrecht, ungnädig über die scheinbar grundlose Heiterkeit der Prüflinge, den jungen Albert besonders scharf – und zuletzt im Fach Geschichte – examiniert. Wie es denn mit dem Unterschied der Kolonisation von Griechen und Römern stünde. Antwort (ungedruckt): *Ich sagte, die kann man überhaupt nicht miteinander vergleichen, weil das eine ja Handelskolonien waren und das andere militärische Niederlassungen.*[35] Mit komischer Bewegung zu seinen Ohren erläutert der alte Albert, 71 Jahre später: *Da spitzte er die Löffel.* Und so schmückte denn, wie man nachlesen kann, im Fach Geschichte *ein dahin gehendes, von ihm* (Albrecht) *beantragtes Kompliment mein sonst sehr mittelmäßiges Reifezeugnis*[36]. Den Wortlaut des Eintrags hat uns der Abiturient bescheidenerweise in seinen gedruckten Erinnerungen verschwiegen. Mit wohlwollender Aufgeschlossenheit der Schulleitung in Mülhausen wurde der Vermerk im Aktenschrank des heutigen – verlegten – Gymnasiums ermittelt. Dabei ergab sich, daß dem Abgangsschüler Albert Schweitzer Lob ausgesprochen worden war für «sein eindringendes Verständnis geschichtlicher Thatsachen».

Von eigenartiger Sinnbildlichkeit war das Thema des Abituraufsatzes, gemessen am weiteren Lebensgang des mittelmäßigen Schülers aus Günsbach: «Zu seinem Heile ist der Mensch ein Kind der Sorge.» *Ich habe keine Ahnung mehr, was ich geschrieben habe, sicherlich nicht gut. Der Direktor hat alles in allem geurteilt: «Ich habe mehr von Ihnen erwartet.»*[37]

Mathilde Kottmanns sanfte Gegenwart mahnt wortlos zum Aufbruch. Zwar sagt sie nicht, wie in jenem rührseligen Film: «Es ist Mitternacht, Dr. Schweitzer» (zumal sie sich mit ihrem Landsmann im elsässischen Dialekt unterhält), sondern nur, daß da noch der wichtige Brief zu schreiben sei.

Das Album will der Beschenkte fortschicken nach Günsbach. Den schüchternen Einwand, es solle ihm doch gelegentlich zur Freude dienen, damit er sich in manchem wiederfinde, was lange zurückliegt (und auch nicht mehr erreichbar ist, da er nicht mehr reist) – den Einwand weist er mit liebenswürdiger Endgültigkeit zurück: *Ich sehe es in Gedanken.*[38]

«Es ist Mitternacht, Doktor Schweitzer!». Karikatur

Idyll mit Schatten

Ich wurde geboren am 14. Januar 1875 zu Kaysersberg im Oberelsaß, als zweites Kind des Pfarrverwesers Ludwig Schweitzer, der die dortige kleine evangelische Diasporagemeinde bediente . . . Meine Mutter, Adele geborene Schillinger, war die Tochter des Pfarrers von Mühlbach im Münstertal (Oberelsaß).

Wenige Wochen nach meiner Geburt kam mein Vater nach Günsbach im Münstertal. Dort verlebte ich mit meinen drei Schwestern und meinem Bruder eine sehr glückliche Jugend, die nur durch öftere Krankheiten meines Vaters getrübt wurde. Später besserte sich die Gesundheit meines Vaters. Als rüstiger Siebenzigjähriger versorgte er im Kriege seine Gemeinde unter dem Feuer der von den Vogesenhöhen herabschießenden französischen Geschütze, denen gar manches Haus und gar mancher Bewohner von Günsbach zum Opfer fiel. Er starb hochbetagt im Jahre 1925. Meine Mutter war Anno 1916 auf der Straße von Günsbach nach Weier im Tal von Militärpferden überrannt und getötet worden.[39]

Die glückliche Jugend und das Grenzlandschicksal, bei dem von beiden Seiten Leid kam, sind die Kernaussagen in diesen komprimierten, nüchtern-förmlichen Anfangszeilen *Aus meinem Leben und Denken*, die den Reichtum dieser zweiten Autobiographie (1931) noch nicht ahnen lassen. Die erste war 1924 erschienen: *Aus meiner Kindheit und Jugendzeit*. Wenden wir uns zunächst, der zeitlichen Abfolge gemäß, dem Grenzlandproblem zu, denn es entstand ja neu in den Jahren vor seiner Geburt.

Die Heimatprovinz Elsaß sowie Lothringen – beide damals stets in dioskurenhafter Zweiheit erwähnt – waren eine strategische Interessenzone erster Ordnung; nur hier grenzte Frankreich direkt an Deutschland. Heimsuchung bei kriegerischem Konflikt war unvermeidlich, welcher Seite auch die begehrte Pufferzone zugehörig war. Der Kriegsausgang 1871 bewirkte die Einverleibung der Doppelprovinz ins Deutsche Reich, wenn auch nicht ohne erbitterten innerdeutschen Streit. Besonders heftig haben August Bebel und die Sozialdemokraten die Annexion bekämpft, wie Bebels Rede am 26. November 1870 vor dem Norddeutschen Reichstag bezeugt:

«Es ist notwendig, daß alles das, was dazu beitragen kann, Frankreich auf das Äußerste zu treiben, unterlassen wird und daß dasjenige, was es einmal seit Jahrhunderten besitzt, heute ihm auch gelassen wird, um so mehr, da ja Elsaß und Lothringen, mit Ausnahme von ein paar Dutzend Leuten, also die ganze Bevölkerung, entschieden gegen diese Annexion ist. Die gesamte Bevölkerung hat unzweifelhaft nicht im mindesten Lust, in diesen deutschen Staat unter den Hohenzollern einzutreten, und von meinem Standpunkt aus ist der Wille der Bevölkerung für diese Frage entscheidend . . .

Meine Herren, meines Erachtens also wird es Deutschland keineswegs Nutzen und Vorteil bringen, diese Annexion von Elsaß und Lothringen zu vollziehen. Es wird auf der anderen Seite aber sehr viel dazu beitragen, die Feindseligkeit zwischen zwei der edelsten Nationen zu verlängern.»

Das Geburtshaus in Kaysersberg

Die Eltern: Ludwig Schweitzer und seine Frau Adele, geb. Schillinger

Seine Gegenspieler waren stärker, denn sie hatten Bismarck auf ihre Seite gezogen, hauptsächlich mit militärischen Argumenten. Und so begründete der Reichskanzler die Eingliederung der «Reichslande» ins Deutsche Reich am 2. Mai 1871 im Deutschen Reichstag so:

«Es blieb daher nichts anderes übrig, als diese Landesstriche mit ihren starken Festungen vollständig in deutsche Gewalt zu bringen, um sie selbst als ein starkes Glacis Deutschlands gegen Frankreich zu verteidigen und um den Ausgangspunkt etwaiger französischer Angriffe um eine Anzahl von Tagemärschen weiter zurück zu legen, wenn Frankreich entweder bei eigener Erstarkung oder im Besitz von Bundesgenossen uns den Handschuh wieder hinwerfen sollte. Der Verwirklichung dieses Gedankens, der Befriedigung dieses unabweisbaren Bedürfnisses zu unserer Sicherheit stand in erster Linie die Abneigung der Einwohner selbst, von Frankreich getrennt zu werden, entgegen. Es ist nicht meine Aufgabe, hier die Gründe zu untersuchen, die es möglich machten, daß eine urdeutsche Bevölkerung einem Lande mit fremder Sprache und mit nicht immer wohlwollender und schonender Regierung in diesem Maße anhänglich werden konnte . . . Tatsache ist, daß diese Abneigung [Deutschland gegenüber] vorhanden war und daß es unsere Pflicht ist, sie mit Geduld zu überwinden.»

Am 9. Juni 1871 wurden das Elsaß und Teile Lothringens staatsrechtlich von Frankreich gelöst und «mit dem Deutschen Reiche für immer vereinigt»[40].

Kurze Zeit zuvor hatte ein Kaufmann in Pfaffenhofen im Unterelsaß, mit Namen Philippe Schweitzer, in sein Tagebuch geschrieben: «Den Frieden haben wir, aber Elsaß und Lothringen sind geopfert.»[41] Geopfert – so verstand es sogar ein Mann, der nicht im Verdacht bonapartistischer Anhänglichkeit stand; hatte er doch seinen Lehrerberuf aufgeben müssen, weil er als überzeugter Republikaner dem Kaiser Napoleon III. den Amtseid schuldig geblieben war.

Sein Enkel Albert wurde im politischen Sinne als Zufallsdeutscher geboren. Nach rund zweihundert Jahren französischer Herrschaft im Elsaß waren seit dem Kriege 1870/71 und der Rückgliederung seiner Heimat ins Deutsche Reich bei seiner Geburt gerade knappe vier Jahre vergangen; alles hätte genausogut anders verlaufen können. Desungeachtet sieht seine «deutsche» Zugehörigkeit vollkommen natürlich aus. Bruchlos wuchs der junge Elsässer in die neue Ordnung hinein. Schwerlich läßt sich vorstellen, daß der politisch haßzeugende Umschwung ihn in seiner persönlichen Entwicklung behindert haben sollte. Im Gegenteil. Wurde doch die unter deutscher Oberhoheit neugegründete Universität Straßburg eine hervorragend ausgestattete Demonstrationsstätte deutscher Wissenschaft, und hier hat Albert Schweitzer wichtigste Lern- und Lehrjahre verbracht. *Die Straßburger Universität stand damals in voller Blüte. Durch keine Traditionen gehemmt, suchten Lehrer und Studierende miteinander das Ideal einer neuzeitlichen Hochschule zu verwirklichen. Bejahrte Professoren gab es fast keine in dem Lehrkörper. Ein frischer, jugendlicher Zug ging durch das Ganze.*[42]

So heißt es im Rückblick auf die Zeit seit 1893, wie er sie akademisch erlebt hat. Der politisch-strategische Zankapfel Elsaß-Lothringen konnte in seinem Kerngehäuse keinen repräsentativeren Landsmann beherbergen als diesen hier. In seiner kulturellen Zweigleisigkeit schaute er wie das Land selber nach Ost und West, nahm alle Anregungen von beiden verfeindeten Seiten, studierte (auch) in Paris und Berlin, schrieb Französisch und Deutsch, besaß viele Freunde in beiden Ländern, konzertierte hier wie dort. Die natürliche Doppelsprachigkeit des Brückenlandes war das Eintrittsbillett für beide Kulturkreise, doch mit der kleinen Einschränkung, daß das deutsche Sprachelement für ihn bei strenger Selbstkontrolle überwog.

Wohl spreche ich von Kindheit auf Französisch gleichermaßen wie Deutsch. Französisch aber empfinde ich nicht als Muttersprache, obwohl ich mich von jeher für meine an meine Eltern gerichteten Briefe ausschließlich des Französischen bediente, weil dies so Brauch in der Familie war. Deutsch ist mir Muttersprache, weil der elsässische Dialekt, in dem ich sprachlich wurzle, deutsch ist.[43]

Dieser Einsicht entsprechend hat Schweitzer sein erstes Buch über Bach, das auf Anregung seines Orgellehrers Widor geschrieben wurde und 1905 in französischer Sprache in Leipzig erschien, stilistisch überarbeiten lassen. Im Vorwort sagt er dazu:

Zu Dank verpflichtet bin ich meinem Freund und treuen Mitarbeiter, Monsieur Hubert Gillot, der so verdienstvoll die französische Sprache und Literatur an der Universität Straßburg vertritt. Wenn trotz seiner wertvollen Ratschläge sich hier und da der Einfluß des deutschen Stils verrät, so möge der französische Leser es verzeihen. Da ist ja das unglückselige Erbe derer, die in zwei Sprachen leben und denken. Aber sind sie nicht besonders für die Wissenschaft und Kunst vonnöten – die Geister, die zwei Kulturen angehören?

Die Bindung an zwei Sprachen mit all ihrer Bereicherung ein «unglückseliges Erbe» zu nennen, will nicht einleuchten. Verständlich wird die Selbstverleugnung allenfalls aus dem Bestreben, das sprachempfindliche französische Ohr gegenüber Unebenheiten des Satzbaus, der im Französischen *in viel stärkerem Maße das Bedürfnis nach Rhythmus in sich trägt als der deutsche*[44], versöhnlich zu stimmen.

Die Betrachtungen, die sich aus der politischen Zeitlage seit 1870/71 ergaben, waren zur kulturellen Einordnung dieses typischen Sohnes des Vogesenlandes notwendig. Die anzustrebende ruhige biographische Schrittfolge geriet dadurch allerdings zur Echternacher Springprozession. Also wäre die Strichellinie nun auszuziehen, damit ein kontinuierlicher Eindruck der Jugendzeit entsteht. Das ist scheinbar so einfach wie in Wahrheit schwer. Wer Kindheitserinnerungen hinterlassen hat, scheint zwar jedes lebenskundliche Bemühen anderer von vornherein zu erleichtern. Wer aber seine Erinnerungen, instinktsicher und absichtslos, zu einem Bilderbogen von solcher Intimität und Geschlossenheit gefügt hat wie in *Aus meiner Kindheit und Jugendzeit*, der unterwirft im Grunde jede Zitatauswahl seinem Vetorecht. Die kleine Schrift von 1924 widerstrebt allem fleddernden Eingriff, weil sie durch Stückelung ihren atmosphärischen Zauber verliert.

Dabei ist kein anderes Stück deutscher Literatur so buchstäblich zwischen Tür und Angel zustande gekommen. *Daß ich über dem Packen für den zweiten Afrika-Aufenthalt 1924 bis 1927 noch meine Kindheits- und Jugenderinnerungen niederschrieb, hängt mit einer Begegnung zusammen, die ich mit meinem Freunde Dr. O. Pfister, dem bekannten Zürcher Psychoanalytiker, hatte. Im Frühsommer 1923, auf der Fahrt von der Westschweiz nach der Ostschweiz, hatte ich zwei Stunden Aufenthalt in Zürich und kehrte bei ihm ein. Er tränkte mich und gab mir Gelegenheit, den müden Leib auszustrecken. Zugleich aber nötigte er mich, ihm Begebenheiten aus meiner Kindheit, wie sie mir gerade in den Sinn kämen, zu erzählen, zur Verwertung in einer Jugendzeitschrift. Später ließ er mir dann das, was er in jenen zwei Stunden nachstenographiert hatte, zukommen. Ich bat ihn, es nicht zu veröffentlichen, sondern es mir zur Vervollständigung zu überlassen. Kurz vor meiner Abfahrt nach Afrika, an einem Sonntagnachmittag, als Regen und Schnee durcheinandergingen,* *schrieb ich als Schlußwort zum Erzählten Gedanken nieder, die mich im Rückblick auf meine Jugend bewegten.*⁴⁵

Was soll man aus den anekdotischen Plaudereien der nicht einmal sechzig Druckseiten wählen? Bekannte Lesebuchgeschichten wie die vom Teufel, vom Küster Jägle, vom Verräter? Oder die über das «Herrenbüble» und seine verabscheute Kleidung, über den Juden Mausche oder den Hund Phylax? Sie sagen jede für sich so viel, aber zunächst nach der charakterbildenden Seite hin, weniger im Sinne chronologischer Biographie. Es sind lauter kleine Erzähleinheiten, nur hier und da vom Bindegewebe sparsamer Datierung durchzogen, in denen ein großer moralischer Erzieher sich in den Aggregatzustand des Werdens zurückversetzt. Er tut es so natürlich, daß nichts lehrhaft und bemüht erscheint. Dazu ist zu viel erfrischende Eigenkritik und Mühsal der persönlichen Entwicklung hineinverstreut: der Jähzorn und die (frühzeitig überwundene) Raucherleidenschaft, die umweltquälende Diskutiersucht (*Tatsächlich war ich so unausstehlich, wie ein halbwegs gut erzogener Mensch nur sein kann*⁴⁶) oder das schulstundenstörende Kichern mit dem oftmaligen Klassenbucheintrag «Schweitzer lacht».

Das ausbalancierte Erzählwerk, das schriftstellerische Mobile, dessen

Günsbach

schmucklose Sprache von einfacher Schönheit ist, läßt uns die Datenleiter von Schweitzers Jugendzeit also nur in unregelmäßigen Sprossen ersteigen. Ihm kommt es mehr darauf an zu erzählen, wie ein Mensch geworden ist, als in welchen Zeitschritten und unter welchen zeitgeschichtlichen Bedingungen er es wurde. Womit hier zugleich festgestellt wird, daß wir von den politischen Spannungsverhältnissen überhaupt nichts erfahren. Obwohl der Junge *schon von* seinem *neunten Jahre die Zeiterereignisse mit Eifer verfolgt und denkend miterlebt* hat[47], werden sie nicht eingereiht unter diese «Bruchstücke einer großen Konfession».

Der später so staunenerregend robuste Mann führt sich verblüffenderweise als ein sterbensschwaches Kind in die Gesellschaft seiner Leser ein. *Das magere Kindchen mit dem gelben Gesichtchen hielt man einmal . . . gar für tot. Aber die Milch der Kuh des Nachbars Leopold und die gute Luft Günsbachs taten Wunder an mir.*[48]

Die Vorschuljahre schufen bereits zwanglos die Gußform für die Wissenschafts- und die Kunstrichtung, in denen frühes Ansehen erworben werden sollte: Theologie und Orgelspiel. *Mit drei oder vier Jahren durfte ich schon alle Sonntage mit in die Kirche. Ich freute mich die ganze Woche darauf. Noch fühle ich auf meinen Lippen die Zwirnhandschuhe unserer Magd, die mir die Hand auf den Mund legte, wenn ich gähnte oder zu laut mitsang.*[49] Vor der Schulzeit schon hat der Vater dem kleinen Kirchgänger *viele biblische Geschichten . . . erzählt.* Mit acht Jahren begann er im Neuen Testament zu lesen, wobei die Geschichte *von den Weisen aus dem Morgenland* zu denen gehörten, die ihn *am meisten beschäftigten.* Das Kind stellte sich manche Frage, die die Bibel unbeantwortet läßt. *Was haben die Eltern Jesu mit dem Gold und den Kostbarkeiten gemacht, die sie von diesen Männern bekamen? Wie konnten sie nachher wieder arm sein? Ganz unbegreiflich war mir, daß die Weisen aus dem Morgenland sich später um das Jesuskind gar nicht mehr bekümmerten. Auch daß von den Hirten zu Bethlehem nicht erzählt wird, sie seien nachher Jünger Jesu geworden, gab mir schweren Anstoß.*[50]

Wie im Kirchenraum der Ton sich dem Wort assoziiert, so wuchs das religiös empfängliche Kind in die zu den neutestamentlichen Texten gehörige Musik hinein. *Schon vor meiner Schulzeit hatte mein Vater begonnen, mich auf einem alten Tafelklavier in Musik zu unterrichten. Von Noten spielte ich nicht viel ab. Meine Freude war, zu improvisieren und Lieder und Choralmelodien mit selber erfundener Begleitung wiederzugeben. Als nun in der Gesangstunde die Lehrerin fortgesetzt den Choral Note für Note ohne Begleitung anschlug, empfand ich dies als nicht schön und frug sie in der Pause, warum sie ihn nicht richtig mit Begleitung spiele. Im Eifer setzte ich mich an das Harmonium und spielte ihr schlecht und recht mehrstimmig aus dem Kopfe vor. Da wurde sie sehr freundlich zu mir und schaute mich merkwürdig an. Aber selber tippte sie den Choral auch weiterhin immer nur mit einem Finger. Da ging mir auf, daß ich etwas konnte, was sie nicht konnte, und ich schämte mich, ihr mein Können, das ich für etwas ganz Selbstverständliches angesehen hatte, vorgemacht zu haben.*[51]

Fast wie ein Ausgleichstribut für diesen Begabungsvorsprung mutet der folgende Satz an, in dem uns *ein ehemals stiller und verträumter Schülern* wissen läßt, daß er *Lesen und Schreiben nicht ohne Mühe erlernte.*

Albert Schweitzer als Schüler 1882

Die Schule in Günsbach

Die Musik lag ihm im Blut. Das Erbgut war aus den Zuflüssen beider Elternseiten gespeist. Das erwähnte Tafelklavier stammte vom Großvater Schillinger. Der Enkel, der schon mit neun Jahren *den Organisten im Gottesdienst vertreten* durfte, glaubte *die Leidenschaft für die Orgel* diesem Großvater zu verdanken, *der sich viel mit Orgel und Orgelbau beschäftigte und . . . ausgezeichnet improvisiert haben soll*[52]. Die großväterliche Gegenseite war mit musikalischem Rüstzeug nicht minder ausgestattet, hatten doch neben Philippe Schweitzer auch drei seiner Brüder den Beruf des Schullehrers und Organisten ausgeübt.

Vier Jahre, vom Herbst 1880 an, hat Albert Schweitzer die Dorfschule in Günsbach besucht. Zeitlebens wußte er das als erzieherisch zu schätzen, weil er dadurch vor dem Dünkel bewahrt worden sei, *die Kinder der Gebildeten hätten von sich aus mehr los als die Buben, die in geflickten Hosen und Holzschuhen gehen*. Begegnete er später den *ehemaligen Schulkameraden im Dorf oder auf dem Feld*, so war ihm *alsbald gegenwärtig, in was* er *nicht an sie heranreichte. Der konnte besser Kopfrechnen; der machte weniger Fehler im Diktat; der wußte immer alle Geschichtszahlen; der war der erste in Geographie; der . . . schrieb fast noch*

Familie Schweitzer, 1895

schöner als der Schulmeister. Noch heute sind sie für mich das, worin sie mir damals überlegen waren.[53]

Wenn Schweitzer von seiner *sonnigen Jugend* oder sogar *einzigartig glücklichen Jugend*, von der *besonderen Güte unserer Eltern* spricht, und daß die fünf Kinder aufwuchsen *wie die Heckenrosen* (mit *so viel Freiheit, als Kinder sie ertragen können*[54], so belegen die Erinnerungen die Worte vielfältig. Zuweilen jedoch fallen Schatten ins Idyll – nicht nur die Geldsorgen im Elternhaus –, und es fragt sich, welches Grundgefühl am Ende das vorherrschende war. Für die dunkleren Farbtöne in dem erlebnisbunten Jugendgemälde steht der folgende Abschnitt:

Solange ich zurückblicken kann, habe ich unter dem vielen Elend, das ich in der Welt sah, gelitten. Unbefangene, jugendliche Lebensfreude habe ich eigentlich nie gekannt und glaube, daß es vielen Kindern ebenso ergeht, wenn sie auch äußerlich ganz froh und ganz sorglos scheinen.

Insbesondere litt ich darunter, daß die armen Tiere so viel Schmerz und Not auszustehen haben. Der Anblick eines alten hinkenden Pferdes, das ein Mann hinter sich her zerrte, während ein anderer mit einem Stecken auf es einschlug – es wurde nach Kolmar ins Schlachthaus getrieben –, hat mich wochenlang verfolgt.[55]

In dem Zusammenhang ist die Geschichte vom Vogelschießen einzufügen, weil sie als ein Schlüsselerlebnis leitmotivisch auf die *Ethik der Ehrfurcht vor dem Leben* und somit auf die bleibende Lebensleistung weist.

Einen tiefen Eindruck machte mir ein Erlebnis aus meinem siebenten oder achten Jahre. Heinrich Bräsch und ich hatten uns Schleudern aus Gummischnüren gemacht, mit denen man kleine Steine schleuderte. Es war im Frühjahr, in der Passionszeit. An einem Sonntagmorgen sagte er zu mir: «Komm, jetzt gehen wir in den Rebberg und schießen Vögel.» Dieser Vorschlag war mir schrecklich, aber ich wagte nicht zu widersprechen, aus Angst, er könnte mich auslachen. So kamen wir in die Nähe eines kahlen Baumes, auf dem die Vögel, ohne sich vor uns zu fürchten, lieblich in den Morgen hinaussangen. Sich wie ein jagender Indianer duckend, legte mein Begleiter einen Kiesel in das Leder seiner Schleuder und spannte dieselbe. Seinem gebieterischen Blick gehorchend, tat ich unter furchtbaren Gewissensbissen dasselbe, mir fest gelobend, danebenzuschießen. In demselben Augenblick fingen die Kirchenglocken an, in den Sonnenschein und in den Gesang der Vögel hineinzuläuten. Es war das «Zeichen-Läuten», das dem Hauptläuten eine halbe Stunde vorausging. Für mich war es eine Stimme aus dem Himmel. Ich tat die Schleuder weg, scheuchte die Vögel auf, daß sie wegflogen und vor der Schleuder meines Begleiters sicher waren, und floh nach Hause. Und immer wieder, wenn die Glocken der Passionszeit in Sonnenschein und kahle Bäume hinausklingen, denke ich ergriffen und dankbar daran, wie sie mir damals das Gebot «Du sollst nicht töten» ins Herz geläutet haben.

Von jenem Tage an habe ich gewagt, mich von der Menschenfurcht zu befreien. Wo meine innerste Überzeugung mit im Spiele war, gab ich jetzt auf die Meinung anderer weniger als vorher. Die Scheu vor dem Ausgelachtwerden durch die Kameraden suchte ich zu verlernen.

Die Art, wie das Gebot, daß wir nicht töten und quälen sollen, an mir arbeitete, ist das große Erlebnis meiner Kindheit und Jugend. Neben ihm verblassen alle anderen.[56]

Im Herbst 1884 kam der Neunjährige für ein Jahr auf die Realschule in Münster, dem Vogesenstädtchen oberhalb von Günsbach, eine Bahnstation entfernt. Der tägliche Schulweg von je drei Kilometern wurde zu Fuß zurückgelegt. *Wie habe ich . . . auf meinen Wanderungen Herbst, Winter, Frühjahr und Sommer erlebt! Als im Jahre 1885 in den Ferien beschlossen wurde, daß ich nach Mülhausen im Oberelsaß auf das Gymnasium käme, weinte ich stundenlang heimlich für mich. Es war, als risse man mich von der Natur los.*[57]

Mülhausen, damals eine Mittelstadt von 63 000 Einwohnern, die «französischste» des Elsaß, hat die Gymnasialjahre des Dorfkindes vorherrschend bestimmt. Zu weit von Günsbach entfernt, als daß täglicher

Das Gymnasium in Mülhausen

Pendelverkehr denkbar gewesen wäre, wurde Mulhouse unversehens zum Lebensmittelpunkt. Albert Schweitzer verdankte dieses zunächst sehr zweifelhafte Geschenk seinem Taufpaten Louis Schweitzer – mit seinem Vater namensgleich –, dem die dortigen Volksschulen unterstanden. Der Großonkel nahm ihn bei sich auf und finanzierte auf diese Weise die höhere Schulbildung seines Patenkindes. Der Vater zu Hause hätte *nicht die Mittel dazu gehabt*[58].

Längere Zeit hegten alle Beteiligten Zweifel, ob der Aufwand sich lohnte. Noch immer war der Junge *zu sehr verträumt*, und die *schlechten Zeugnisse* bereiteten den Eltern *viel Kummer. Mein Vater wurde zum Direktor geladen, der ihm sogar andeutete, daß es vielleicht am besten wäre, wenn er mich vom Gymnasium nähme.*[59] Die Wende kam durch den neuen Klassenlehrer Dr. Wehmann, dessen *tiefes und bis ins kleinste gehende Pflichtbewußtsein die große erzieherische Kraft*[60] für seinen lernschwachen Zögling wurde, bei dem eine außergewöhnliche Frühreife in Musik und sittlichem Empfinden anscheinend die altersgemäße «Normalentwicklung» eine Weile gehemmt hat; ein eigentümlicher Kontrast. Doch dann wurde der von Wehmann Geweckte *ein guter Schüler, ohne gerade immer unter den ersten zu sitzen*[61].

Im Rückblick erteilt er sich keine Prädikate, die auf Späteres hindeuten. *Wirkliche Begabung hatte ich eigentlich nur für Geschichte. In den Sprachen und in Mathematik leistete ich nur so viel, als dem von mir darauf verwandten Fleiß entsprach.* In der historischen Wissenschaft *tat mir*

*Gymnasiallehrer
Dr. Wehmann*

meine Lesewut, die sich im Laufe der Zeiten auf geschichtliche Werke konzentriert hatte, große Dienste[62]. *Etwas eigentümlich Aufregendes hatte der naturwissenschaftliche Unterricht*, wobei sich ein Vorbehalt meldete, den die Lehrbücher in ihrem Wissenschaftsoptimismus nicht berücksichtigten: *. . . daß man das absolut Geheimnisvolle der Natur nicht anerkannte und zuversichtlich von Erklärung sprach, wo man es in Wirklichkeit nur zu tiefer eindringenden Beschreibungen gebracht hatte.*[63] Auf dem Wege Schweitzers zu Goethe hat die beiderseitige Ehrfurcht vor dem Unerkennbaren, Rätselvollen bestimmend mitgewirkt.

Besondere Gedenkworte gelten dem Schuldirektor Wilhelm Deecke aus Lübeck, dem der Posten als *eine* Art *Verbannung* infolge *freimütiger Äußerungen* zugeteilt worden war. Er ertrug sie *immer heiter, ein Stoiker im modernen Gewande*, wobei er *sich in den Schulstunden ganz ausgab*. Der damals schon in die höheren Klassen aufgerückte Schüler Schweitzer erinnert sich an die *unvergeßlichen Stunden, in denen er*, Deecke, *eine Autorität in altgriechischen Inschriften*, mit der Klasse *Plato las und sie dabei mit der Philosophie überhaupt bekannt machte*[64]. Auch das war folgenreich.

Wer mit seiner rhetorischen Streitlust und seinem leicht zum Lachen zu reizenden Temperament eine *angeborene Verschlossenheit*[65] verbindet, muß gerade da Schwierigkeiten haben, wo es gilt, Empfinden zu zeigen: beim Vorspielen. Eugen Münch, der Privatmusiklehrer in Mülhausen, pflegte zu sagen: *«Albert Schweitzer ist meine Qual»* und: *«Wenn einer halt kein Gefühl hat, so kann ich ihm auch keines geben.»*[66] Das war der Ehrenpunkt, an dem Selbstüberwindung zur Prestigefrage wurde. Beim nächstenmal wurde das aufgegebene Stück, ein Lied ohne Worte von Mendelssohn, so gespielt, daß das Verhältnis Lehrer–Schüler von Stund an verändert war. Nach der Konfirmation (1890) erhielt der Fünfzehnjährige Unterricht auf der Walckerorgel der Stephanskirche. Zwar spielte er, ohne regulär unterwiesen worden zu sein, schon lange hin und wieder im Dorfgottesdienst, nun aber *durfte er das kunstgerechte Pedalspiel auf einer Orgel von drei Klavieren und zweiundsechzig Registern bei einem großen Orgelmeister, denn ein solcher war Eugen Münch, erlernen*[67]. Wie schnell es vorwärtsging, nachdem der Bann gebrochen war, zeigten die folgenden Sätze: *Mit sechzehn Jahren durfte ich dann Eugen Münch in den Gottesdiensten vertreten. Bald darauf saß ich zum erstenmal in einem Konzert vor der Orgel. Mein Lehrer vertraute mir die Orgelbegleitung des Brahmsschen Requiems an, das er mit dem Chor der Kirche aufführte.* Münch machte seinen Schüler auch *frühzeitig mit den Werken des Thomaskantors bekannt*[68]. Die kleine Gedenkschrift, die der Dreiundzwanzigjährige 1898 anonym in Französisch auf den (an Typhus) früh verstorbenen Lehrer verfaßte, ist Schweitzers erste Publikation.

Als die acht Mülhauser Oberschuljahre 1893 mit dem (schon früher erwähnten) Abitur zu Ende gingen, wurde dem Achtzehnjährigen *der Abschied vom Onkel und von der Tante . . . schwer*[69], obwohl es ihm anfangs nicht leicht gewesen war, sich in das minuziös geregelte Dasein und die strenge Erziehung der kinderlosen alten Paten zu gewöhnen. Louis Schweitzer in Mülhausen war ein Halbbruder des Großvaters väterlicherseits, Philippe. Übrigens besaß grandpère Philippe, das sei zur genealogischen Abrundung angefügt, drei Söhne: vor dem Jüngstgeborenen, dem Pfarrer Louis (Ludwig) noch Auguste und Charles. Der Älteste hatte als Kaufmann in Paris im Handel mit Peru viel Geld verdient. Charles, der Mittlere, hatte an gleicher Stelle die Berufsrichtung eines professeur (Studienrates) an einem lycée (Gymnasium) eingeschlagen, mit dem Hauptfach Deutsch. Charles pflegte seinen Bruder Auguste den «Reichen» zu nennen, Louis den «Frommen», sich selber indes den «Gescheiten».[70] Die großzügige Eigeneinschätzung hat er nicht erst durch seinen Enkel Sartre verzeihlich gemacht. Allerdings, als Jean-Paul im Juni 1905 geboren wurde, da war der bescheidener eingeschätzte Fromme durch seinen hochbegabten dreißigjährigen Sohn Albert dem Gescheiten auf dem Wege zu familiärem Ruhm schon um eine Generation voraus.

Die innere Nähe der beiden Berühmten in ihrer anspruchslosen Lebensart (Albert Schweitzer lobend über seinen Neffen zweiten Grades: *Er ist einfach geblieben*[71]) wird zum krassen Wesensunterschied, wo es um die Art der Selbstdarstellung geht. Von dem französischen Existentialisten und seiner Diktion («gallisch im besten Sinn, von feuriger Vehemenz, Funken des Unrechts stiebend, rhetorisch mit geschliffenen Formeln»[72]) ist hier nicht im einzelnen zu sprechen. Bei Schweitzer jedenfalls fällt schon gegenüber solchen andeutenden Merkmalen sofort auf, wie anders er sein Erleben dargestellt, wie anders er die Welt erfahren und gesehen hat. Mit Recht nennt Robert Minder dessen Kindheitsrückblicke «ganz auf Innerlichkeit eingestellt» und reiht sie in die Tradition von Matthias Claudius und Johann Peter Hebel ein.[73]

Man könnte daraus herleiten, daß die elsässische Dorfidylle mit ihrer Mischung von Geborgenheit und Dankbarkeit, Leiden und Ethik, Gemütswärme und Humor einem entschwundenen Paradies gleiche, dem der weniger behauste Mensch des 20. Jahrhunderts nur noch literarischen Gedenkwert abgewinnne; daß es ein Ruheplatz sei auf der Suche nach der verlorenen Zeit. Das aber wäre eine Unterschätzung des zeitunabhängigen Reichtums, des paradigmatischen Wertes, der in diesen Erinnerungen lebendig bleibt. Er beruht wohl in der Hauptsache darauf, daß der Verfasser sein Lebenswissen mit den schlichtesten Tönen ausstattet und so natürlich mitzuteilen weiß. So etwa, wenn er seine gelehrte Vielseitigkeit wie ein Gepäckstück ablegt und sich in die rührende Hilflosigkeit seiner weihnachtlichen Dankesbriefe als Kind zurückversetzt:

Oh, diese Stunden, während deren ich mit meinen Schwestern im Studierzimmer saß, die Bücherluft einatmete, die Feder meines Vaters auf dem Papier kratzen hörte, im Geiste bei den Kameraden war, die auf ihren Schlitten den Weg hinter der Kirche heruntersausten . . . und an Onkel, Tanten, Taufpaten und andere Geber von Weihnachtsgeschenken Briefe schreiben sollte! Und was für Briefe! So etwas Schweres für die Feder ist mir in meinem Leben überhaupt nicht mehr vorgekommen. Alle Briefe hatten naturgemäß drei Teile und denselben Inhalt: 1. Dank für das von dem Betreffenden gespendete Weihnachtsgeschenk nebst Versicherung, daß es von allen Geschenken mir am meisten Freude gemacht habe. 2. Aufzählung der sämtlichen Geschenke. 3. Neujahrswünsche. Bei gleichem Inhalte sollte doch jeder Brief von dem andern verschieden sein! Und in jedem türmte sich die furchtbare Schwierigkeit auf, einen guten Übergang von den erhaltenen Weihnachtsgeschenken zu den Neujahrswünschen zu finden. Von der Not, zu guter Letzt jedesmal das gerade passende Schlußkompliment anzubringen, will ich gar nicht reden!

Jeder Brief sollte zuerst ins unreine geschrieben und dem Vater vorgelegt werden. Dann hieß es, ihn verbessern oder neu bearbeiten und zuletzt auf einem schönen Briefbogen ohne Fehler und ohne Tintenkleckse abschreiben.

Oft ging's zum Mittagessen, und ich hatte noch nicht einmal eines von den sechs oder sieben erforderlichen Schreiben entworfen! Jahrelang habe ich die Mahlzeiten zwischen Weihnachten und Neujahr mit meinen Tränen gesalzen. Der nächste Satz ist von chaplinscher Tragikomik. *Einmal fing ich gleich nach der Bescherung am Christfest, im Hinblick auf die dadurch unvermeidlich gewordenen Briefe, zu weinen an! Meine Schwester Luise brachte es fertig, jeden Brief anders zu schreiben und immer neue Übergänge von den Weihnachtsgeschenken zu den Neujahrswünschen zu finden. Nie wieder hat mir jemand durch schriftstellerische Gewandtheit so imponiert wie sie.*[75]

Die Zeitumstände verändern die Lebensformen, aber kaum die Grundgesetze des Werdens und Wachsens, des menschlichen Mit- und Gegeneinanders. Das Haus, in dem wir Wohnung nehmen, wechselt zeitgebunden sein Aussehen, doch die statischen Gesetze, nach denen es errichtet ist, bleiben sich gleich. So hat Albert Schweitzer Erlebnisse und Erfahrungen mitgeteilt, deren Lebensrohstoff auf anziehendste Weise nachzuerleben und übertragbar ist, bei unverwechselbarem Lebensablauf selbst.

Der Autor hat dann noch ein zweites getan. Er hat seine Jugendrückschau zu einem Extrakt verdichtet. In einem Epilog hat er sie mit einem feinen Filter von allem Persönlichen gereinigt und auf die höhere Ebene des Allgemeingültigen gehoben. Dort ist dann die Rede von der Dankbarkeit, die meist mehr empfunden als wirklich (infolge Gedankenlosigkeit) abgestattet wird, so daß die Annahme berechtigt erscheine, es sei *nicht . . . so viel Undankbarkeit in der Welt . . . wie man gewöhnlich behauptet*[75]. Damit zusammenhängend spricht Schweitzer von den *vielen Menschen, die ihm etwas gaben oder etwas waren, ohne daß sie es wußten.* Daß wir somit umgekehrt nicht ahnen, was wir anderen bedeuten können – diese Einsicht prägte eines der meistzitierten Schweitzer-Worte: *Das Wirken der Kraft ist geheimnisvoll.* Das Mysterium des Verborgenen und Unerkennbaren sieht er hineinreichen in die vertrautesten Beziehungen und heiligt es: *Sich kennen, will nicht heißen, alles voneinander wissen . . . Ein Mensch soll nicht in das Wesen des anderen eindringen wollen. Auch die Seele hat ihre Hüllen.*

Wird allerdings die gebotene Zurückhaltung in das Korsett zu großer Wohlerzogenheit gepreßt, dann geht alles Unmittelbare, geht die Herzenswärme verloren. *Viel Kälte ist unter den Menschen, weil wir nicht wagen, uns so herzlich zu geben, wie wir sind.* Wo es nottut, ist *das Gesetz der Zurückhaltung . . . bestimmt, durch das Recht der Herzlichkeit durchbrochen zu werden . . . Mensch hat Recht auf Mensch.*

Es kommt der schöne Abschnitt über die *resignierte Vernünftigkeit* des «*reifen Menschen*», dem alle Jugendbegeisterung zu trauriger Ernüchterung verkümmert ist. *Er glaubte an den Sieg der Wahrheit; jetzt nicht mehr. Er glaubte an die Menschen; jetzt nicht mehr. Er glaubte an das*

Gute; jetzt nicht mehr. Er eiferte für die Gerechtigkeit; jetzt nicht mehr. Er vertraute in die Macht der Gütigkeit und der Friedfertigkeit; jetzt nicht mehr. Er konnte sich begeistern; jetzt nicht mehr. Um besser durch die Fährnisse und Stürme des Lebens zu schiffen, hat er sein Boot erleichtert. Er warf Güter aus, die er für entbehrlich hielt. Aber es war der Mundvorrat und der Wasservorrat, dessen er sich entledigte. Nun schifft er leichter dahin, aber als verschmachtender Mensch.

Dem eindringlichen Vergleich folgt die Gewißheit: *Im Jugendidealismus erschaut der Mensch die Wahrheit. In ihm besitzt er einen Reichtum, den er gegen nichts eintauschen soll. Es gelte nur, das weiche Eisen des Jugendidealismus zum Stahl des unverlierbaren Lebensidealismus zu härten. Wenn die Menschen das würden, was sie mit vierzehn Jahren sind, wie ganz anders wäre die Welt!*

Kaum ein Vergleich liegt näher, als an den Brief des Matthias Claudius an seinen Sohn Johannes zu denken, wenn man die zehn abschließenden Seiten *Aus meiner Kindheit und Jugendzeit* liest. Beide Stücke atmen den nämlichen Geist von Weisheit, Humanität und schlichtem Aufgehobensein, im Gewand einer gediegenen Prosa. Was dem Brief von 1799 an betonter Frömmigkeit eignet, hat der Epilog des nicht weniger christlich fundierten Nachfolgers 125 Jahre später stärker säkularisiert. Aber das ist nur der äußere Eindruck. Im Hoffnungscharakter dieser Sentenzen und in ihrer sanften Entschiedenheit liegt etwas vom Stil der Seligpreisungen des Neuen Testaments.[76] Schweitzer, der das Matthäus-Evangelium am meisten liebte, hat unbewußt den Ton der Bergpredigt modernisiert. Solch zumindest innerer Einklang mag es gewesen sein, der die Kindheitserinnerungen ausklingen läßt mit dem Hinweis auf die *unermeßlich tiefe Wahrheit,* die *in dem phantastischen Worte Jesu* liege: «Selig sind die Sanftmütigen, denn sie werden das Erdreich besitzen.»

Straßburg

Bevor die Epoche der deutschen Universitätsgeschichte, die den Namen Wilhelm von Humboldt leitmotivisch trägt, zu Ende ging, jährte sich noch der 150. Gründungstag ihres steinernen Denkmals in Berlin. Unter den Gedenkreden ist eine von Eduard Spranger besonders nachlesenswert. Den Blick beschränkend auf den wechselvollen Entwicklungsgang der Friedrich-Wilhelms-Universität, sprach er doch für das ganze Bildungssystem, das von jenem Reformwerk des Jahres 1810 ausgegangen ist und das akademische Leben in Deutschland tiefgreifend beeinflußt hat. Die Zeiten haben sich sehr gewandelt. An den Hochschulen ist seit 1960 mehr Veränderung eingetreten als in den anderthalb Jahrhunderten zuvor – sofern die Hochschulen nicht in der DDR liegen, einschließlich der Mutteruniversität, und ohnehin anderen Leitgedanken verpflichtet sind. Nicht leicht käme einem bundesdeutschen Festredner heute mehr, selbst wenn er so fühlt, über die Lippen, was Spranger noch für selbstverständlich hielt: «Jede deutsche Hochschule ist gefährdet, wenn ihre Träger vergessen, daß echte Wissenschaft . . . das Ethos des Wahrheitssuchens zur Voraussetzung hat» und «daß sie sich der Kulturverantwortung in ihrem Volk und zu ihrer Zeit bewußt sein muß».

Der humanistische Grundzug in den vierzehn Druckseiten[77] des historischen Überblicks, bereichert von persönlichem Erinnern, und der hohe Anspruch an Lernen, Forschen und Lehren an einer Universität: sie sprechen von einer geistesgeschichtlichen Ära, die Unvergeßliches geleistet hat. Humboldt und die Mitreformatoren könnten mit den Auswirkungen des zugrunde gelegten Ideals zufrieden sein, ungeachtet vieler späterer Verirrungen, für die man sie nicht tadeln darf.

Albert Schweitzer ist in diesem geistigen Klima aufgewachsen. Er hat dem genius loci auf seine unverwechselbare Art gedient, was auch in dem respektvollen Wort gegenüber einem jungen Kollegen nach dessen Habilitierung zum Ausdruck kommt: *Welche Ehre, einer historischen Universität als Lehrer angehören zu dürfen!*[78]

Der Abiturient des Jahrgangs 1893 wechselte vom Gymnasium im südlichen Elsaß auf die Alma mater im nördlichen. *Kühn nahm ich mir vor, Theologie, Philosophie und Musik miteinander zu betreiben. Meine gute Gesundheit, die mir die erforderliche Nachtarbeit erlaubte, machte es mir möglich, diesen Vorsatz durchzuführen. Aber es war doch viel schwieriger, als ich gedacht hatte.*[79]

Drei große Namen haben Schweitzers Leben beherrscht: Jesus, Bach und Goethe. Es gibt in seinem moralisch-geistigen Tempelbau noch weitere Säulen und Kapitelle, die nicht auf den ersten Blick als mittragend und schmückend ins Auge fallen. Aber jene drei stehen ganz vorn. Goethe war dabei ein Ratgeber und Weggefährte, dessen Bedeutung für sein Leben erst viel später und eher zufällig eingestanden wurde – dann aber mit tiefem Bekenntnis und Dank. Den beiden anderen hat schon der weit Jüngere in Worten und Tönen abzustatten gesucht, was er von ihnen empfangen hatte und fortdauernd empfing.

Jesus

Die Begegnung des Straßburger Studenten mit der evangelischen Theologie verlief anders als die normale Annäherung eines Anfängers an eine traditionsreiche Wissenschaft. Nach kurzem Gruß hat er sie bereits stürmisch umarmt. Am Beginn stand die intuitive Einsicht, daß die vorherrschende Lehrmeinung in einem entscheidenden Punkt korrekturbedürftig sei. Diese ging davon aus, Jesus habe ein ethisches Gottesreich auf Erden gründen wollen. Endzeitgefühl und messianisches Selbstbewußtsein wurde ihm abgesprochen. Als grundlegende Quelle hierfür galt das Markus-Evangelium. Schweitzers theologischer Lehrer Heinrich Julius Holtzmann hatte die Auffassung durchgesetzt, daß der älteste Synoptiker zum Verständnis Jesu ausreichend und maßgeblich sei. *An diesem Schlusse wurde ich zu meinem Erstaunen irre, als ich mich an einem Ruhetage im Dorfe Guggenheim* – der Neunzehnjährige war Rekrut und befand sich zudem auch noch im Manöver – *mit dem 10. und 11. Kapitel des Matthäus beschäftigte.*

In Matthäus 10 wird die Aussendung der zwölf Jünger erzählt. In der Rede, mit der er sie entläßt, kündigt ihnen Jesus an, daß . . . die Erscheinung des Menschensohnes statthaben werden, ehe sie mit den Städten Israels zu Ende sein würden, was doch nur heißen kann, daß unterdessen das überirdische, messianische Reich anbrechen werde. Er erwartet sie also gar nicht mehr zurück.

Wie kommt Jesus dazu, den Jüngern hier Dinge in Aussicht zu stellen, die sich in dem Fortgang der Erzählung nicht erfüllen? Holtzmanns Erklärung, daß es sich nicht um eine historische Rede Jesu, sondern um eine später, nach seinem Tode, vorgenommene Zusammenstellung von «Sprüchen Jesu» handle, befriedigte mich nicht. Spätere wären doch nicht darauf gekommen, ihm Worte in den Mund zu legen, die sich nachher nicht erfüllten.[80] Auch die Anfrage des Täufers (Matthäus 11) legte der Neuling

*Pietà.
Von Giovanni Santi
(Ausschnitt)*

sich anders als auf herkömmliche Weise aus: nicht als die Erkundigung nach dem Messias, sondern nach seinem Vorläufer, dem wiedererstandenen Elia. Die ausweichende Antwort habe sein Bewußtsein der eigenen (zukünftigen) Messianität verhüllen wollen.

So wurde ich am Ende meines ersten Studienjahres an der damals . . . für geschichtlich angesehenen Auffassung des Lebens Jesu irre. Als ich aus dem Manöver nach Hause kam, hatten sich mir ganz neue Horizonte aufgetan.[81] Der Stoff, aus dem die großen Forscher sind, besteht immer auch in der einfachen, unbefangenen Art zu fragen. Wie schon das Günsbacher Kind sich gewundert hatte, warum die Eltern Jesu später arm waren und die Hirten nicht Jünger wurden, so zerriß er jetzt den ergrauten Gelehrten mit der schlichten Logik der Textbefragung das ganze kunstvolle hermeneutische Geflecht. Um es vorwegzunehmen: Aus der Schlüsselerkenntnis vom Herbst 1894 zimmerte Schweitzer das Gebäude seiner späteren *konsequenten Eschatologie* mit den Kerngedanken, daß Jesus an das nahe bevorstehende überirdische Gottesreich geglaubt und sich selber in dem menschlichen Stadium eines Messias designatus gesehen habe. Der erste Teil der Doppelthese ist heute unter den Neutestamentlern weithin akzeptiert.

Solche Zweifel seinem Professor in der bald darauf stattfindenden Prüfung für ein Stipendium anzudeuten, hätte der Student für vermessen gehalten. Der Keim war jedoch gelegt und in seinem Wachstum nicht zu unterdrücken. Nach einem ohne Aufsehen absolvierten Studiengang mit dem ersten und zweiten theologischen Examen 1898 und 1900 mußte spätestens der Sechsundzwanzigjährige in seiner Habilitationsschrift Farbe bekennen. Er tat es. Auf gut hundert Druckseiten der Abhandlung über *Das Messianitäts- und Leidensgeheimnis* (1901) wird Holtzmanns Markus-Hypothese stillschweigend abgetan. Im Gegensatz dazu wird starkes – zusätzliches – Gewicht auf die über Markus hinausgehende eschatologischen Passagen bei Matthäus gelegt. Die Schrift verzichtet auf Auseinandersetzungen mit der Sekundärliteratur und folgt in dieser *Skizze des Lebens Jesu* allein den Quellen. Jeder Sachkenner sah aber die Antithese auf den ersten Blick.

Was verdient mehr Respekt: Das rückhaltlose Wahrheitsstreben eines Anwärters auf eine Dozentur, der die Anschauungen eines Professors verwirft, bei dem ausgerechnet er sich habilitieren will – oder der Dienst dieses Lehrers an der Wissenschaft, der darin besteht, seine fachliche Unversehrtheit hinter die Förderung eines starken Talentes zurückzustellen? Mehr: Holtzmann verteidigte die Arbeit sogar gegen Einwände: *Gegen meine Habilitation waren, wie ich später erfuhr, von zwei Mitgliedern der Fakultät Bedenken erhoben worden. Sie waren mit meiner Art, geschichtliche Forschung zu treiben, nicht einverstanden und befürchteten, daß ich mit meinen Ansichten die Studenten verwirren würde. Aber gegen die Autorität Holtzmanns, der sich für mich einsetzte, hatten sie nicht aufkommen können.*[82]

Der sichtbare Vordergrund intellektueller Redlichkeit verdeckt, daß der Schüler unter seiner Kritik an dem verehrten, fast siebzigjährigen Gelehrten gelitten hat. Holtzmann umgekehrt hat den Fehdehandschuh aufgenommen und unter anderem von einer «in die Luft gebauten Konstruktion» gesprochen (1907). Das harte Urteil bezog sich auf das erste theologische Hauptwerk seines Schülers. *Von Reimarus zu Wrede. Eine Geschichte der Leben-Jesu-Forschung* (1906). Darin ist die Skizze von 1901 zur abgerundeten Theorie ausgebaut. Die *konsequente Eschatologie* erhielt ihren endgültigen Wohnsitz in einem Prachtbau, dessen Zimmerfluchten die Generationenfolge der – überwiegend – protestantischen Jesus-Forscher seit Lessings Zeitgenossen Reimarus beherbergen. Reimarus wohnt im Parterre. Unter dem Dach, Wand an Wand mit dem Chronisten, wurde William Wrede untergebracht, der Breslauer Neutestamentler, der zum selben Zeitpunkt wie sein sechzehn Jahre jüngerer Straßburger Fachkollege in einer Schrift fast gleichen Namens zu genau entgegengesetzten Ergebnissen gekommen war.

Den faszinierenden historischen Überblick hat ein Kritiker, Paul Wernle, im Erscheinungsjahr mit der Feststellung gewertet, es bleibe «das ungeheure Leichenfeld der großen Leben-Jesu-Schlacht, als deren einzig Überlebender Schweitzer dasteht»[83]. Der bildhafte Vergleich will sagen, daß er am Ende nur seine eigene Theorie gelten läßt. Das stimmt. Aber den Vorgängern wird ein Mahnmal errichtet in höchstem Anerkennen der Denkleistungen, die nötig waren, um unter den dogmatischen Verkrustungen von 1800 Jahren den historischen Jesus Schicht um Schicht freizulegen. Auch die Irrenden werden geehrt, die Ketzer rehabilitiert, die Baumeister am Jahrhundertwerk gelobt, denn der bilanzierende Nachfolger wußte, was man ihren Vorarbeiten verdankte. Schließlich war er ja nicht der erste, der Jesus endzeitlich denken ließ. Vor ihm hatte sich zuletzt Johannes Weiß (1892) dafür eingesetzt. Aber erst der jüngere Kampfgenosse, der obendrein noch weiter geht und nicht *auf halbem Wege stehen bleibt*[84], setzt sich durch, wenigstens auf einem Teilgebiet.

Schweitzer nennt die Erforschung des Lebens Jesu *die größte Tat der deutschen Theologie . . . Sie stellt das Gewaltigste dar, was die religiöse Selbstbesinnung je gewagt und getan hat . . . Das lebendige Nebeneinander und Ineinander von philosophischem Denken, kritischem Empfinden, historischer Anschauung und religiösem Fühlen, ohne welches keine tiefe Theologie möglich ist, findet sich so nur in dem deutschen Gemüt.*[85]

Der Ton der moralischen Hochachtung am Anfang unterscheidet sich völlig von dem der zusammenfassenden Wertung am Schluß. Die Einleitungsworte ehren die Tat, die abschließenden verwerfen das Ergebnis. Nicht das theologisch-erkenntniskritische, für das ja mindestens der «Überlebende» Schweitzer bürgt, sondern das christlich-religiöse. In dem Buch geht es ja um zweierlei: um die Rekonstruktion der Gedanken bei der Erforschung des historischen Jesus und um die Frage, was er der Gegenwart noch zu sagen habe. Hier wirft der liberale Streiter für Jesu jenseitsgerichtete Denkweise seiner eigenen liberalen theologischen Schule eine unzulässige Modernisierung ihres Helden vor.

Es ist der Leben-Jesu-Forschung merkwürdig ergangen. Sie zog aus, um den historischen Jesus zu finden, und meinte, sie könnte ihn dann, wie er ist, als Lehrer und Heiland in unsere Zeit hineinstellen. Sie löste die Bande, mit denen er seit Jahrhunderten an den Felsen der Kirchenlehre gefesselt war, und freute sich, als wieder Leben und Bewegung in die Gestalt kam, und sie den historischen Menschen Jesus auf sich zukommen sah. Aber er blieb nicht stehen, sondern ging an unserer Zeit vorüber und kehrte in die seinige zurück. Das eben befremdete und erschreckte die Theologie der letzten Jahrzehnte, daß sie ihn mit allem Deuteln und aller Gewalttat in unserer Zeit nicht festhalten konnte, sondern ihn ziehen lassen mußte. Er kehrte in die seine zurück mit derselben Notwendigkeit, mit der das befreite Pendel sich in seine ursprüngliche Lage zurückbewegt.[86]

In fließendem Übergang wird aus der historischen Analyse ein sittliches Bekenntnis. Der theologische Geschichtsforscher tritt seinen Platz am Schreibtisch im Straßburger Thomasstift an den religiösen Ethiker ab. Das gilt vor allem für die zweite Auflage von 1913, in der, ganz kurz vor der Abfahrt nach Lambarene, die frühere Schlußbetrachtung stark überarbeitet und erweitert worden ist. So muß man sie zugleich lesen als autobiographisches Programm.

Jesus ist unserer Welt etwas, weil eine gewaltige geistige Strömung von ihm ausgegangen ist und auch unsere Zeit durchflutet. Diese Tatsache wird durch eine historische Erkenntnis weder erschüttert noch gefestigt. Nur, daß man meinte, er könne unserer Zeit mehr werden dadurch, daß er lebendig als ein Mensch unserer Menschheit in sie hineintritt. Das aber ist nicht möglich . . . Der Gedanke, daß wir mit geschichtlicher Erkenntnis ein neues lebenskräftiges Christentum aufbauen und geistige Kräfte in der Welt entbinden können, beherrscht uns wie eine fixe Idee und läßt uns nicht einsehen, daß wir damit nur eine der großen religiösen Aufgabe vorgelagerte Kulturaufgabe in Angriff genommen haben und sie, so gut es geht, lösen wollen . . . Es ist geradezu ein Verhängnis der modernen Theologie, daß sie alles mit Geschichte vermischt vorträgt und zuletzt noch auf die Virtuosität stolz ist, mit der sie ihre eigenen Gedanken in der Vergangenheit wiederfindet . . .

Was ist uns der geschichtliche Jesus, wenn wir ihn von aller falschen Zurechtlegung der Vergangenheit für die Gegenwart frei halten? . . . Die Tat Jesu besteht darin, daß seine natürliche und tiefe Sittlichkeit von der spätjüdischen Eschatologie Besitz ergreift und so dem Hoffen und Wollen einer ethischen Weltvollendung in dem Vorstellungsmaterial jener Zeit Ausdruck gibt . . . Wir geben der Geschichte ihr Recht und machen uns von seinem Vorstellungsmaterial frei. Aber unter den dahinter stehenden gewaltigen Willen beugen wir uns und suchen ihm in unserer Zeit zu dienen, daß er in dem unsrigen zu neuem Leben und Wirken geboren werde . . .

Im letzten Grunde ist unser Verhältnis zu Jesus mystischer Art. Keine Persönlichkeit der Vergangenheit kann durch geschichtliche Betrachtung oder durch Erwägungen über ihre autoritative Bedeutung lebendig in die Gegenwart hineingestellt werden. Eine Beziehung zu ihr gewinnen wir erst, wenn wir in der Erkenntnis eines gemeinsamen Wollens mit ihr zusammengeführt werden . . .

Als ein Unbekannter und Namenloser kommt er zu uns, wie er am Gestade des Sees an jene Männer, die nicht wußten, wer er war, herantrat. Er sagt dasselbe Wort: Du aber folge mir nach! und stellt uns vor die Aufgaben, die er in unserer Zeit lösen muß. Er gebietet. Und denjenigen, welche ihm gehorchen, Weisen und Unweisen, wird er sich offenbaren in dem, was sie in seiner Gemeinschaft an Frieden, Wirken, Kämpfen und Leiden erleben dürfen, und als ein unaussprechliches Geheimnis werden sie erfahren, wer er ist . . .[87]

Aus dem Buchgebirge von rund dreißig Titeln, das der reflektierende

Tatmensch, der praktizierende Betrachter aufgetürmt hat, erheben sich majestätische Gipfel. Immer, wenn der «genuine Ethiker» (Buri) den innerlichen Anruf zum sittlichen Tun vernahm oder vernehmen ließ oder wenn er der Größe begegnete als dem leitenden Polarstern seiner Wanderung durch die Geschichte des Geistes und der Moral – und hier trifft beides zusammen –, erhielten seine Worte eine Leuchtkraft, die unangefochten bleibt vom Veralten der Kontroversen und von aller inhaltlichen Diskussion. Das ungetrennte Zusammensein von fachwissenschaftlicher Quellenkritik und voluntaristischer Liebesethik zwischen zwei leinenen Buchdeckeln ist in der Wissenschaftsgeschichte wohl singulär. Theodor Heuss brachte die Koinzidenz in einer Festansprache von 1951 auf die Formel, es handele sich bei dem Buch um «eine sublimierte Geistesgeschichte von hundertfünfzig Jahren Europa . . . in dieser eigentümlichen Spannung vom sauberen Rationalismus zur individuellen Mystik».

Als geschichtliche Erscheinung hat die Nachfolge Schweitzers, getreu jenem großen Epilog, längst ihre eigene gebietende und gleichnishafte Qualität. Sie ist zum Rang eigener Größe aufgerückt und hat ihrerseits Nachfolge inspiriert. Die Bewunderung hat die Zeitgenossen und Nachgewachsenen nicht gehindert zu unterscheiden zwischen der gesamten Lebensleistung und ihren Einzelressorts. Sie nahmen die dargestellten Auffassungen mit der Kritik auf, die ein hochkritisches Druckwerk herausfordert. Dabei geht der Riß zwischen Zustimmung und Ablehnung oder dem Sowohl-als-auch durch die Theologenschaft seit dem Jahre 1906 bis auf den heutigen Tag. Eine Bilanz zieht Helmut Groos in der bisher, und wohl für lange, gründlichsten und detailliertesten Studie über den Forscher und Denker, 1974, indem er über Schweitzers Jesus-Forschung sagt: «Die Erkenntnis der Bestimmtheit Jesu und des ganzen Urchristentums durch das eschatologische Denken hat sich zwar auch nicht völlig, aber doch weitgehend durchgesetzt, während umgekehrt die Theorie Schweitzers im engeren Sinne, d. h. fast alle Besonderheiten seiner Auffassung . . . überwiegend und mit vollem Recht von Anfang an abgelehnt worden sind und auch später . . . nur wenige Anhänger gefunden haben.»[88]

Der zweite Teil des Satzes der (überwiegend negativen) Urteilsschrift von achthundert Seiten, die gleichwohl gewinnbringend und blickschärfend ist, vor allem menschlich vornehm und wohltuend, ist in seiner Zuspitzung nicht ganz tatsachengerecht. Im Kern zeigt sich darin immerhin der merkwürdige Umstand, daß ein Gesamtergebnis richtig sein kann, selbst wenn die Einzelschritte zur Lösung anfechtbar sind. Das erinnert an eine Episode aus dem Lebenskreis Einsteins, als er noch in Zürich war. Er hatte einen Irrtum in einer neuen Arbeit von Max Planck entdeckt. Es wurde überlegt, ob er brieflich darauf hinzuweisen sei. «Aber wir schreiben ihm nicht, daß ihm ein Lapsus passiert ist», dämpfte Ein-

Die Kirche St. Nicolai in Straßburg

stein seine kampfbegierigen Schüler. «Das Resultat stimmt nämlich, nur der Beweis ist falsch.»

Für Schweitzers Erkenntnisgang war bezeichnend, daß er oft zuerst intuitiv eine Lösung vor sich sah und ihr dann mit Beweismaterial hinterhereilte. Das Ganze war eher da als die Summe der Teile. So verhielt es sich auch mit der Idee der *Ehrfurcht vor dem Leben*, so auch, ins Praktische übertragen, mit dem Entschluß, nach Afrika zu gehen. Schwache Stützwände ächzten zunächst unter einem mächtigen Dach, bis das rationale Durchdringen der vorangegangenen Eingebung ein massives Gemäuer schuf. Dieses war auf dem Gebiet der Jesus-Forschung, wie gesagt, heftigen Witterungseinflüssen ausgesetzt. Zum Teil rührten die Widerstände aus neuen Forschungsmethoden, die vor dem Ersten Weltkrieg unbekannt gewesen waren. So hat die literarisch-soziologische Sezierkunst der «Formgeschichte» – dafür stehen Namen wie Martin Dibelius, Rudolf Bultmann, Karl Ludwig Schmidt – die Aussagekraft der Evangelienberichte für die Lebensumwelt Jesu äußerst zurückhaltend beurteilt. Heute besteht Neigung, wieder größere Perikopen als historisch anzuerkennen, doch die einstige Zuversicht, ein Leben Jesu schreiben zu können, ist dahin. Insofern bleibt das Werk des konsequenten Eschatologen von 1906 und 1913 ein Abschied in der Wissenschaftsgeschichte. Er hätte nicht feierlicher veranstaltet werden können.

Albert Schweitzer im Ornat

Die vielen Zweifel an seinem Denksystem belasteten auch den älteren und alten Meister nicht. Einmal als richtig erkannte Positionen behauptete er lebenslang. Wie Schweitzer sich in der Selbstdarstellung von 1931 unverdrossen zur Jesus-Mystik bekennt, von der immerhin behauptet wird, sie münde in der radikalen Preisgabe aller Glaubenspositionen[89], so wird die Kritik an der *konsequenten Eschatologie* in der Vorrede zur sechsten, unveränderten Auflage der *Geschichte der Leben-Jesu-Forschung* (1950) von Lambarene aus elegant und summarisch abgetan:

Ich glaube nicht, daß in der neuesten Leben-Jesu-Literatur sich ein Fortschritt in der Problemstellung aufzeigen lassen wird, der demjenigen vergleichbar ist, der . . . in der Frage des Eschatologischen und Uneschatologischen in der Gedankenwelt Jesu statt hatte. Ein Entscheid von der Tragweite desjenigen, der durch dieses Entweder-Oder verlangt wurde, steht nicht mehr aus . . .

Die gewundenen Pfade, auf denen sich die neueste Leben-Jesu-Forschung bewegt, sind von mehr nebensächlichem Interesse. Die Hauptfrage für die jetzige und die kommende Zeit ist, in welcher Weise und mit welchem Ergebnis sich der christliche Glaube mit der historischen Wahrheit über Jesus auseinandersetzt.[90]

Christlicher Glaube und historische Wahrheit waren für Schweitzer nichts Trennendes, sondern verträglich wie Hund und Katze in seinem Spital. Davon zeugen die Predigten in St. Nicolai in Straßburg, wo er 1898 ein Amt erhalten hat, *zuerst als sogenannter «Lehrvikar», später, nach bestandener zweiter theologischer Prüfung, als regulärer Vikar*[91] und abermals nach dem Ersten Weltkrieg bis 1921. Der Weg des Lesers von der Jesus-Forschung und den Kämpfen um diese zum Platz des Hörers in der Kirchenbank des Gotteshauses am Flüßchen Ill – das ist wie Urlaub von der Front. Das Fordernde, Unbedingte, Hochkonzentrierte weicht einem Tonfall, bei dem die Wahrheitssuche nicht mehr in Feldgrau gekleidet ist, sondern in Sonntagsschwarz. Der Wahrheit geht dabei nichts verloren, nur wird sie anders dargeboten. Das intellektuelle Klima wird seelsorgerisch. Der Vikar faßte sein Hirtenamt als Wegweiser zum schlichten Menschsein auf. Das Evangelium holte er aus der Geschichtsferne eines fast abstrakt gewordenen Lehrstoffes in jedermanns Alltag. In ganz unakademischer Einfachheit suchte er seine Hörer zu erreichen: helfend, aufrichtend, erhellend.[92]

Dabei wurden die Denkeinsichten nicht der schlichten Frömmigkeit der theologisch meist ungeschulten Hörer geopfert, weil hierin kein Gegensatz gesehen wurde. *Je mehr ich Jesum zu verstehen glaubte*, heißt es im März 1913 in der letzten Predigt vor der Abreise nach Lambarene, *desto stärker empfand ich es, wie in ihm der Glaube und einfaches, natürliches Denken sich durchdrangen. Je mehr ich in die Geschichte des Christentums eindrang, desto mehr wurde mir klar, wie viele Irrungen und*

Kämpfe darauf zurückgehen, daß man von den ersten Generationen an bis auf den heutigen Tag immer und immer wieder den Glauben und die Frömmigkeit gegen die Vernunft ausspielte und einen Zwiespalt in den Menschen hineintrug, wo Gott die Harmonie gesetzt hat.[93] 1931 liest man ergänzend: *Auch wenn sie,* die geschichtliche Wahrheit, *der Frömmigkeit befremdlich vorkommt und ihr zunächst Schwierigkeiten schafft, kann das Endergebnis niemals Schädigung, sondern nur Vertiefung bedeuten. Die Religion hat also keinen Grund, der Auseinandersetzung mit der historischen Wahrheit aus dem Wege gehen zu wollen.*[94]

Die Harmonie der beiden Größen in der Seele des rationalistischen Tatchristen täuscht nicht darüber hinweg, daß völlige Gleichrangigkeit nicht gegeben, weil nicht möglich war. Mit der Nachbarschaft zwischen der Denkwahrheit und dem verpflichtenden Glauben seiner Kirche verhielt es sich so wie mit den beiden Sprachen des Grenzlandbewohners: Nur eine von ihnen war wirklich wurzelhaft. Er konnte dem religiösen Denken nur deshalb die freie Bahn propagieren, weil sein eigener Glaube von Dogmen unbelastet war. Der von Anfang an ausgeprägte ethische Voluntarismus ließ die eigentlich christlichen Gehalte zunehmend hinter sich, Schweitzer bewahrte jedoch Anhänglichkeit an das Christentum im Sinne lebendiger Tradition, gemütvoller Pietät.[95]

Der Ablösungsprozeß von den christlichen Grundgesetzen reicht bis zu dem Satz in einem Brief von 1962: *Da wage ich zu sagen, daß die ethische Religion der Liebe bestehen kann ohne den Glauben an eine ihr entsprechende, die Welt leitende Gottespersönlichkeit.*[96] Der christologische Substanzverlust, der hieraus deutlich wird, ist von den Kanzelreden des Vikars an der Jahrhundertwende beträchtlich entfernt, aber er war angelegt. Immer bedeutete Jesus der Gebieter diesem Prediger der Tat mehr als Christus der Erlöser und der Vatergott. In dem Sinne gewannen seine jeweils sorgfältig ausgearbeiteten, dann aber frei vorgetragenen Predigten zunehmend ethischen, allgemein menschlichen Gehalt. In einer Zeit, in der die Kirchen starker Glaubenserosion ausgesetzt sind, bewahren Schweitzers Kanzelreden aus Straßburg daher ihre unverbrauchte Frische und Aktualität. Sie gehören zum schönsten, was er hinterlassen hat.

Aber der Leser muß wissen, was ihn erwartet. Der Erlösungsgedanke ist säkularisiert. Nicht das Heilsereignis des Kreuzes erlöst, sondern das eigene nachfolgende Tun, und sei es auf unscheinbarste Weise: *Alles, was du tun kannst, wird in Anschauung dessen, was getan werden sollte, immer nur ein Tropfen statt eines Stromes sein; aber es gibt deinem Leben den einzigen Sinn, den es haben kann, und macht es wertvoll*[97] (1919). Das ist das Credo des frommen Agnostikers, der das göttliche Weltregiment für unerkennbar hält, aber in der sittlichen Tat und im Freiwerden von der Welt das Einssein mit dem Unendlichen erlebt; ein umgekehrter Luther, der nicht mehr überzeugt ist, daß die Gnade dem innig Glaubenden zugesprochen werde, sondern daß man sie handelnd erwerben muß.

Bach

«Im Herbst 1893 stellte sich mir ein junger Elsässer vor und bat mich, mir auf der Orgel vorspielen zu dürfen. ‹Was denn?› fragte ich. *Bach, selbstverständlich!* antwortete er.» So leitet Charles Marie Widor 1907 seine Vorrede zu dem monumentalen Bach-Buch seines Schülers Albert Schweitzer ein. Der Antrittsbesuch, vierzehn Jahre zuvor, hatte eine Freundschaft eingeleitet, die über vierzig Jahre, bis zum Tode des zweiundneunzigjährigen Maestro, 1937, gedauert hat. Das selbstbewußte *Bach, naturellement!* in den Begrüßungsworten des Achtzehnjährigen mag sofort eine Tür bei dem dreißig Jahre älteren Organisten von St. Sulpice, einem Bach-Verehrer, aufgestoßen haben. Widor gehört zu denen, die Bach in Paris und damit in Frankreich bekannt gemacht haben. Wie dieses Vermitteln von Schweitzer mitbeeinflußt worden ist, wie stark hier das Lehrer–Schüler-Verhältnis, die übliche pädagogische Einbahnstraße, in wechselseitige Bereicherung mündete, geht aus Widors weiteren Worten hervor.

«Eines Tages – es war anno 1899 –, als wir gerade bei den Choralvorspielen standen, gestand ich ihm, daß mir in diesen Kompositionen manches rätselhaft sei. ‹So klar und einfach›, äußerte ich zu ihm, ‹die musikalische Logik des Meisters in den Präludien und Fugen ist, so dunkel erscheint sie, sobald er eine Choralmelodie behandelt.› *Natürlich*, erwiderte der Schüler, *muß Ihnen in den Chorälen vieles dunkel bleiben, da sie sich nur aus den zugehörigen Texten erklären.* Ich schlug die Stücke, die mir am meisten Kopfzerbrechen gemacht hatten, vor ihm auf; er übertrug mir die Dichtungen aus dem Gedächtnis ins Französische. Die Rätsel lösten sich. Während der folgenden Nachmittage gingen wir sämtliche Choralvorspiele durch. Indem Schweitzer . . . mir eines nach dem andern erklärte, lernte ich einen Bach kennen, von dessen Vorhandensein ich vorher nur eine dunkle Ahnung gehabt hatte.»

Hier liegt der gedankliche Ansatz zu Schweitzers Arbeiten über Bach. Widor, unter dem Eindruck der neuen Blickerweiterung, bat ihn, «eine kleine Abhandlung über die Choralvorspiele für die französischen Organisten zu schreiben». Die «kleine Abhandlung» wurde 455 Seiten stark, weil sie sich unter den Händen thematisch zwangsläufig ausweitete. Der Schüler hatte dem Lehrer versprochen, *die Herbstferien 1902 darauf zu verwenden,* war aber *am Ende der Ferien . . . trotz angestrengtester Arbeit nicht über die Vorarbeiten . . . hinausgekommen*[98]. Erst 1905 wurde das Manuskript beendet, bevor die Hauptenergien der «freien Stunden» – meistens nachts – sich der Leben-Jesu-Forschung zuwendeten. Jesus

Charles Marie Widor

wurde dann wieder von Bach abgelöst. 1908 erschien, auf fast doppelten Umfang erweitert, das deutsche Gegenstück zu dem französisch verfaßten *musicien-poète*, nun unter dem schlichten Titel *J.S. Bach*.

Die Abfassung der ersten Studie wird mit Worten kommentiert, die auch für die zweite gelten. *Eigentlich war es ein verwegenes Unternehmen . . .! Obgleich ich in Musikgeschichte und Musiktheorie aufgrund ausgedehnter Lektüre nicht ohne Kenntnisse war, war ich doch kein Musikwissenschaftler vom Fach. Mein Vorhaben ging aber auch gar nicht darauf aus, neues geschichtliches Material über Bach und seine Zeit beizubringen. Das hatte vorbildlich Philipp Spitta 1873 bis 1880 getan. Als Musiker wollte ich zu Musikern von Bachs Musik reden. Was in den bisherigen Arbeiten viel zu kurz gekommen war, die Deutung des Wesens der Bachschen Musik und die Behandlung der Fragen der sinngemäßen . . . Wiedergabe, sollte das Hauptstück der meinigen werden. Dementsprechend bietet sie das Biographische und Geschichtliche nur mehr einleitungsweise.*[99] Im deutschen Vorwort 1908 steht ergänzend dazu: *Dieses Werk will keine historische, sondern eine ästhetisch-praktische Studie sein.*

Deutung und Didaktik gehen Hand in Hand. Das Echo war groß, auch deshalb, weil hier eine Lehrmeinung erschüttert, ja, überwunden wurde; die Ansicht, die derselbe Spitta autoritativ gefestigt hatte: Bach habe frei von jedem bildhaft-textlichen Sinnbezug komponiert. Er war von den Antiwagnerianern genau wie Mozart für das Ideal der «reinen Musik» beschlagnahmt worden. Die reine oder absolute Musik sollte darin bestehen, daß ihre Schöpfer nur darauf bedacht gewesen seien, *schöne Tonlinien sich in der vollendetsten Weise ausleben zu lassen*[100]. In Schweitzers Antwort – sie erinnert an den erfolgreichen Einspruch gegen die falsche liberale Modernisierung Jesu zur gleichen Zeit – wird den *Gralshütern der reinen Musik* nun Bach als ein Tonsetzer vor Augen gestellt, der das Gegenteil ihrer Vorstellung verkörpert: . . . *der Dichter und Maler in Musik ist. Alles, was in den Worten des Textes liegt, das Gefühlsmäßige wie das Bildliche, will er mit größtmöglicher Lebendigkeit und Deutlichkeit in dem Material der Töne wiedergeben . . .*

Bach verfügt geradezu über eine Tonsprache. Es gibt bei ihm stetig wiederkehrende rhythmische Motive der friedvollen Glückseligkeit, der lebhaften Freude, des heftigen Schmerzes, des erhabenen Schmerzes. Bachs Musik wird insgesamt als *Klang gewordene Gotik* verstanden, als *Tonlinien-Architektur*[101] von vollkommener Transparenz.

Um zu wirken, muß sie *in lebendiger und vollendeter Plastik vor dem Hörer erstehen*[102]. Auf vielen hundert Druckseiten werden die Vorstellungen von der angemessenen Interpretation auf allen Teilgebieten des thüringischen Meisters herausgearbeitet. Als Kerngedanke wiederholt Schweitzer ständig die Forderung, das Filigran aus Tönen nicht zu mißhandeln, weder mit zu großen Klangkörpern noch mit Parforceritten auf der Tastatur. *Massenorchester und Massenchöre* sind *ein Vergehen gegen den Stil der Bachschen Musik . . . Das wunderbare Stimmgewebe muß durchsichtig dastehen.* Und: *Durchweg wird Bach zu schnell gespielt,* seine Musik *zum Chaos* gemacht. *Nicht so sehr durch das Tempo als durch die Phrasierung . . . wird das Leben, das in Bachs Musik liegt, zur Geltung gebracht.*[103]

Technische Anweisungen auf der Grundlage umfassender Werkkenntnis genügen dem Pädagogen nicht. Sein ehrerbietiger Dienst an Bachs Musik fordert mehr: . . . *daß wir gesammelte und innerliche Menschen werden, um fähig zu sein, etwas von dem tiefen Geiste, der in ihr ist, lebendig werden zu lassen . . . Nur wer sich in die Gefühlswelt Bachs versenkt, wer mit ihm lebt und denkt, wer mit ihm schlicht und bescheiden wird, ist in der Lage, ihn richtig zu Gehör zu bringen.*[104]

Sicher besaß Schweitzers Religiosität ein besonderes Empfangsvermögen für den Thomaskantor. Beide verband die «gleiche Wellenlänge» einer humanen, gemütstiefen Frömmigkeit. Der Widerschein all dessen bestimmt mit das Gewicht der Monographie. Zunächst aber beruht es auf der handwerklichen Kunst ihres Verfassers. Ein vorzüglicher Prakti-

ker schrieb hier, einer, der bei bedeutenden Persönlichkeiten gelernt, sich bei Widor auf der Orgel «habilitiert» hatte, wie es zu Bachs Zeiten hieß, und als Organist regelmäßig bei den Bachkonzerten in Straßburg (St. Wilhelm), in Paris (Bach-Gesellschaft) und Barcelona (Orfeó Catalá) tätig war.

Der Eindruck von intimer Kennerschaft wird gestützt durch einen Seitenblick auf die Konzertvorbereitungen. Über die zwanziger Jahre gibt es die Schilderung einer Organistin, die für Schweitzer einen Abend in Aarau arrangiert hatte und dadurch mit ihm bekannt wurde.

«Er kam am Mittag an», erinnert sich Ida Zürcher[105]. «Nachher gingen wir zusammen an die Orgel: *Und jetzt müssen Sie mir vorspielen, denn ich spiele nie ein Konzert, das ich nicht selber von unten gehört habe.* Ich bedauerte, diese Stücke von Bach und Mendelssohn nie geübt zu haben. Er sagte: *Das macht nichts, Sie dürfen Fehler machen, Sie tun mir auf jeden Fall einen großen Dienst . . .* Es ging so: Schweitzer probierte die Orgel und registrierte hernach ein bis zwei Stellen, ich mußte sie vorspielen, und er hörte unten zu und schrieb, wenn er befriedigt war, die zu ziehenden Register ins Heft. Es dauerte sechs Stunden, bis das Programm durchregistriert war. Es wurde alles bis aufs äußerste genau durchgenommen, und ich lernte, Wie ein großer Mensch arbeitet. Um 7 Uhr abends waren wir fertig. Schweitzer sagte: :*Sie kann ich brauchen. Ich gebe jetzt dann Konzerte in der Schweiz, können Sie mitkommen?* Da ich gerade Ferien hatte, sagte ich zu. Schweitzer: *Das hätten Sie heute morgen nicht gedacht, daß wir heute abend schon so gute Freunde wären. Ich will Ihnen sagen, warum. Vor zwei Tagen habe ich in London ein Konzert gegeben und habe den dortigen Organisten, einen berühmten Mann, gebeten, mir vorzuspielen. Der aber antwortete: Vor Albert Schweitzer spiele er nicht. Alles Flehen und Bitten half nichts. Das betrübte mich sehr. Sie aber haben verstanden, um was es geht, und sich in die schwierige Rolle geschickt, mir zu helfen, denn auf das kommt es an.»*

Die Konzertreise fand statt. Dieselbe Organistin erlebte den Musiker dabei auch von seiner kantigen Art. Die Szene im Berner Münster, allzumenschlich und menschlich zugleich, spricht für sich selbst: «Ich mußte ein schweres Choralvorspiel von Bach spielen, in dem der Cantus Firmus der linken Hand im Alt-Schlüssel geschrieben war. Da ich schon lange nichts mehr im Alt-Schlüssel geübt hatte, konnte ich eine Note nicht deuten, fragte leise Frl. Hopf [welche registrierte] und kam ins Stocken. Das hat Schweitzer dermaßen aufgeregt, daß er wütend heraufkam und mich schwer tadelte. Ich mußte es wiederholen. Die Probe dauerte etwa acht Sunden. Nachher kam Schweitzer zu mir und bat mich um Verzeihung, es sei ihm schrecklich, es wäre nicht passiert, wenn ihn die langen, ausgetretenen Wendeltreppen nicht so müde gemacht hätten. Am andern Tag fragte er wieder, ob ich ihm wirklich verziehen habe. Das ging so bis sechs Mal, und endlich konnte ich ihn für immer beruhigen. Er sagte oft: *Sie müssen mir nie böse sein, Sie müssen mir immer gut sein!* Wir arbeiteten gewöhnlich von vormittags zehn Uhr bis abends sechs Uhr, und um acht Uhr war das Konzert. Vor dem Konzert schlief Schweitzer eine halbe Stunde, für mehr reichte die Zeit nicht. Zehn Minuten vor dem Konzert mußte man ihn wecken.»

Der «berühmte Mann» in London hatte gesagt, vor Albert Schweitzer spiele er nicht. Waren es Hemmungen vor dem noch berühmteren und seinem einschüchternden Ruf? Das läßt sich herauslesen, gemessen an Günther Ramins, des Thomaskantors, Ausspruch, Schweitzer sei in der Bach-Musik die nicht wegzudenkende größte Autorität. Aber vielleicht war auch Eitelkeit im Spiel, und er wollte nicht nur Handlanger sein für Erfolg und Echo eines anderen – ein Widerhall übrigens, der die Fachkreise immer schon irritiert hat.[106] Da kam ein Mann aus dem Busch, hatte tagsüber Wellblechhütten errichtet, eingeklemmte Brüche operiert, sogar noch wissenschaftliche Arbeit betrieben, und füllte nun die Kirchen mit Menschen und Orgelklang, und seinem jeweiligen Kommen

An der Orgel: 1928 in Holland

in diese und jene Stadt, um zu spielen, eilten freudige Auftaktartikel in der Lokalpresse als Botenläufer voraus. Wie erreichte er das? Wie konnte ein Künstler dem hohen Standard des Konzertlebens genügen, wenn er nicht täglich viele Stunden übte, und das war doch bei dem Tagesanspruch einer Tropenklinik ausgeschlossen.

Die unbestreitbare Einbuße an reiner Virtuosität wurde durch eine Gegengabe kompensiert, die ihr Empfänger 1918 in einem Brief mit den Worten pries: *Sie können sich nicht vorstellen, wie ich mich freue, Sie Bach hören zu lassen in der vertieften Interpretation, zu der ich in der Einsamkeit Afrikas gelangt bin.*[107] Er, der in der Vorbereitungszeit auf Afrika geglaubt hatte, er müsse die Kunst seiner ethischen Dienstpflicht opfern wie Abraham seinen Sohn auf Jahwes Altar, erhielt statt dessen das unerwartete Glücksgeschenk einer Kunstbereicherung, wie sie keinem Virtuosen im zivilisatorischen Alltagsgetriebe beschieden ist. Wie die Wüste immer wieder einsamen Denkern religiöse Erleuchtung gebracht hat, so haben hier Wasser und Urwald die Stücke Bachs unter den Händen seines *demütigen Dieners*[108] einfacher und reifer, beseelter und verinnerlichter erklingen lassen. Schweitzer meditierte mit Bach. Das hat sich den heimischen Zuhörern, soweit sie Laien waren, anscheinend stärker mitgeteilt als vielen Kollegen und Rezensenten. Auf die Frage, ob Schweitzer, wie zuweilen zu lesen, d e r Orgelspieler seiner Zeit gewesen sei, gibt es kein klares Ja oder Nein, weil die Antwort von der musikalischen Weltanschauung und ihren Prioritäten abhängig ist.

Im Erleben seiner Konzerte schwang bei den meisten der Eindruck von seiner Gesamtpersönlichkeit mit. In der Linse des reinen Spezialistentums mochte das Mehr bisweilen als ein Mangel erscheinen. In dem Sinne kann Thomas Manns Mißverständnis begriffen werden. 1948 schrieb der Dichter in einem Brief an Heinz-Winfried Sabais: «... Er soll sehr gut die Orgel spielen, und doch bringe ich nie das Gefühl auf, es in ihm mit einem Künstler zu tun zu haben.»

Die Plattenaufnahmen bewahren nicht das Erlebnis, nur den Ton. Stärker mögen sie verraten, daß seine Technik hinter dem heutigen internationalen Richtmaß zurückgeblieben ist, wobei fairerweise zu beachten bleibt, daß die meisten noch greifbaren Einspielungen dem Jahr 1952 und danach entstammen und somit dem Siebenundsiebzigjährigen abgenötigt worden sind. Hinzu kommt inzwischen eine veränderte Stilauffassung sogar bei solchen Künstlern, die erst durch Schweitzer überhaupt für die Orgel begeistert worden sind. Das ist am natürlichsten und würde den Pionier der Jahrhundertwende nicht beschweren, emanzipiert sich doch jede neue Musikgeneration im Wandel der Vortragsart von den vorangegangenen. Ob sie gerade dem Geist Bachs damit nähergekommen ist, bleibt ungewiß. Übrigens gibt es neuerdings Versuche – mit guter Resonanz –, Schweitzers Interpretationsstil in regulären Kursen weiterzugeben und zu bewahren.

In jedem Fall sind Schweitzers Klänge rascher verhallt als seine Worte verstaubt. Das deutsche Bach-Buch übertrifft in der Auflagenhöhe samt Übersetzungen alles Vergleichbare in der Musikliteratur, obwohl der Autor viel mehr als in der Jesus-Forschung ein Fortschreiben für nötig gehalten hat. Es bleibt überall präsent, wo über Bach gearbeitet wird.[109] Die Erkenntnisse erst der Jüngeren zur musikalischen Figurenlehre des 17. und 18. Jahrhunderts haben den Autor von 1908 im Prinzip bestätigt.

In seiner künstlerischen Stufenpyramide, deren unterster Absatz von der Orgelkunst, der zweite von der Bach-Literatur eingenommen wird, erhebt sich ein drittes Stockwerk, das den Bau abschließt und krönt: der *Kampf um die wahre Orgel*[110].

Hier gab es gleichfalls eines der Elementarerlebnisse Schweitzers. Lassen wir ihn sprechen: *Im Herbst 1896, auf der Heimkehr* (sic!) *von meiner ersten Fahrt nach Bayreuth, machte ich den Umweg über Stuttgart, um die neue Orgel in der dortigen «Liederhalle», über die die Zeitungen begeisterte Berichte gebracht hatten, kennenzulernen ... Als ich den harten Klang des vielgepriesenen Instruments hörte und bei einer Bachschen Fuge ... ein Chaos von Tönen vernahm, in dem ich die einzelnen Stimmen nicht auseinanderhalten konnte, wurde mir ein Ahnen,*

Orgelspiel ohne Orgel im Internierungslager. Karikatur

daß die moderne Orgel in klanglicher Hinsicht keinen Fortschritt, sondern einen Rückschritt bedeute, plötzlich zur Gewißheit.[111]

Unter den Nachteilen aus der Anfangszeit der «Fabrikorgeln» fiel besonders ins Gewicht, daß das elektrische Gebläse den Wind mit zu hohem Druck in die Pfeifen jagte. *Der Klang einer alten Orgel umflutet den Hörer, während der der neuen wie eine Brandung auf ihn zukommt.*[112] Die Liebe zu den Instrumenten des 18. Jahrhunderts verführte den Kritiker der neuen nicht dazu, in jenen das Ideal zu sehen. *Die besten Orgeln wurden etwa zwischen 1850 und 1880 erbaut, als Orgelbauer, die Künstler waren, sich die Errungenschaften der Technik zunutze machten, um das Orgelideal Silbermanns und der anderen großen Orgelbauer des 18. Jahrhunderts in höchstmögliche Vollendung zu verwirklichen.*[113] Es war sicher keine Variante des Sprichwortes «Wes Brot ich eß, des Lied ich sing», daß der Widor-Schüler die Orgel von St. Sulpice, geschaffen von Aristide Cavaillé-Coll, für die schönste der ihm bekannten Orgeln hielt. Eine Fülle von Vergleichsmöglichkeiten diente dem Urteil aus dem Jahre 1930 als Fundament.

Im Kampf für das Orgelideal ging sein Prediger, anders als in den literarischen Kämpfen um die großen historischen Figuren, und ihr angemessenes Verstehen, hier wirklich an die Front. Aber wie groß war auch die Heerschar der «Feinde»!

Gar manche Nächte verbrachte ich über Orgelplänen, die ich zu begutachten oder zu überarbeiten hatte. Gar manche Fahrten unternahm ich, um die Fragen zu restaurierender oder neu zu erbauender Orgeln an Ort und Stelle zu studieren. In die Hunderte . . . gehen die Briefe, die ich an Bischöfe, Dompröpste, Konsistorialpräsidenten, Bürgermeister, Pfarrer, Kirchenvorstände, Kirchenälteste, Orgelbauer und Organisten schrieb, sei es, um sie zu überzeugen, daß sie ihre schöne alte Orgel restaurieren sollten, statt sie durch eine neue zu ersetzen, sei es, um sie anzuflehen, nicht auf die Zahl, sondern auf die Qualität der Stimmen zu sehen . . .

Welche Beredsamkeit habe ich aufwenden müssen, um Todesurteile, die über schöne alte Orgeln ergangen waren, rückgängig zu machen! Wie manche Organisten nahmen die Nachricht, daß die von ihnen wegen ihres Alters und ihres baufälligen Zustandes geringgeschätzte Orgel schön sei und erhalten werden müsse, mit demselben ungläubigen Lachen auf wie Sarah die Verkündigung der ihr beschiedenen Nachkommenschaft![114]

Vielleicht hat er den einen oder anderen zweifelnden Kollegen mit seinem Witz überzeugt, wo das fachliche Werben nichts gefruchtet hatte: *Eine Orgel ist wie eine Kuh; man beurteilt sie nicht nach den Hörnern, sondern nach der Milch.*[115] Jedenfalls gab es Erfolge. *Die erste alte Orgel, die ich – mit welcher Mühe! – errettet habe, ist das schöne Werk von Silbermann zu St. Thomas in Straßburg. «In Afrika errettet er alte Neger, in Europa alte Orgeln», sagten meine Freunde von mir.*[116]

Es blieb nicht bei der direkten Einflußnahme. Schweitzer zielte in all seinen Tätigkeiten auf grundsätzliche Lösungen, er wollte Wahrheit verbreiten und Vernunft durchsetzen. Die Einsichten über die *wahre Orgel* wurden daher nicht nur persönlich vermittelt, sondern auch gedruckt. Ein schmales Büchlein von 51 Seiten erschien 1906 unter dem Titel *Deutsche und französische Orgelbaukunst und Orgelkunst*. Die Abhandlung räumt *dem französischen Orgelbau einen Vorzug vor dem deutschen* ein, *weil er in vielem noch der alten Bauart treu geblieben ist*[117].

Die Schrift schlug Breschen in die Abwehrfront der Modernisten; Gesinnungsfreunde fanden sich. 1909, auf dem Kongreß der Internationalen Musikgesellschaft in Wien, arbeiteten Schweitzer und seine Mitstreiter ein Internationales Regulativ für Orgelbau aus, das von dem anerkannten Forum der Musikwelt gleichsam abgesegnet wurde und damit vermehrtes Gewicht erhielt. Beide Direktiven, 1906 und 1909, haben die Orgelbewegung der folgenden Jahrzehnte maßgeblich inspiriert, ihr Wegbereiter freute sich, 1930 festzustellen, daß *die einfachen Wahrheiten des künstlerischen und gediegenen Orgelbaus zur Anerkennung gelangt* sind.[118] Er setzte einschränkend hinzu, es gehe *mit ihrer praktischen Verwirklichung sehr langsam voran . . . Wie weit wir noch von der wahren Orgel entfernt sind, habe ich auf meinen Konzertreisen, die mir Gelegenheiten gaben, die Orgeln fast aller europäischen Länder kennenzulernen, immer wieder feststellen müssen.*[119]

Auf solchen Reisen gab es neben Enttäuschungen und Erfolgen mitunter Begebenheiten von schlichter Vergnüglichkeit. Eine erzählt der Musikwissenschaftler Erwin Jacobi[120], der als Student 1928 den großen Freund auf einer Rundfahrt durch oberbayerische Barockkirchen begleitete. In Ottobeuren erschien nach beendetem Spiel ein junger Pater des Klosters, kniete in Gegenwart der Fremdlinge neben dem Spieltisch nieder, betete leise und berührte die Manuale, die Holzverkleidung, Bank und Pedal. Auf fragende Blicke erklärte er, daß er die Orgel wieder hätte weihen müssen, da sie von einem Nichtkatholiken gespielt worden sei. Der lutherische Theologe aus der bikonfessionellen Günsbacher Kirche nickte verständnisvoll . . .

Für die Orgel und Bach, genau: für die Gesamtausgabe seiner Orgelwerke, hat der *demütige Diener* bis zu allerletzt seine Kraft gegeben. Die ersten fünf Bände wurden 1912/13 mit Widor ediert, der sechste folgte 1954. Die fertigen Manuskripte der letzten beiden – die ebenso wie der sechste Band mit Edouard Nies-Berger erarbeitet wurden – gingen kurz vor seinem Tode an den New Yorker Verleger Schirmer ab. Mehr als ein halbes Jahrhundert lag zwischen Band 1 und 8. In Schweitzers Persönlichkeitsbild hatte die Treue einen hohen Stellenwert.

Orgelspiel – Bach-Literatur – Orgelerhaltung: das ist wie ein Dreiklang, in dem sich der theologische von Predigtamt – Lehramt – Forschung in einer Umkehrung wiederholt. Und doch faßt dieser Akkord nicht den ganzen Mann, der von sich sagte: *Musik ist bei mir eben eine*

Originalhandschrift einer Orgelkomposition von J. S. Bach

Erbschaft, gegen die ich nichts ausrichten kann.[121] *Als ich die ersten Male Blechmusik hörte, schwanden mir fast die Sinne*, steht in den Kindheitserinnerungen.[122] Der Eindruck wiederholte sich, als der sechzehnjährige Gymnasiast zum erstenmal ins Theater durfte. Wagners «Tannhäuser» wurde gegeben. *Diese Musik überwältigte mich so, daß es Tage dauerte, bis ich wieder fähig war, dem Unterricht in der Schule Aufmerksamkeit entgegenzubringen.*[123] In den Studienjahren und danach pilgerte der Wagner-Verehrer öfter nach Bayreuth, und dort wurde in der Nacht nach einer «Tristan»-Aufführung das deutsche Bach-Buch begonnen. Halbe Stunden konnte er am Klavier aus Wagner-Opern phantasieren (wie denn die Improvisationsgabe die einzige war, die sich der Großmeister der Vielseitigkeit als schöpferisches Talent zurechnete[124], und daher verließ ihn aus ganz ehrlichem Grundempfinden nie das Gefühl, daß er nur *als armseliges Möndlein . . . vor der gewaltigen Sonnenscheibe Bachs oder Goethes vorübergehe*[125]). Und weiter: Den Belastungen des Medizinstudiums fiel ein weit fortgeschrittenes französisches Buch über Schubert zum Opfer. Zu den musikwissenschaftlichen Schriften, die weit zahlreicher sind als bisher bekannt und darin seine anderen Ressorts in den Schatten stellen, zählt eine Abhandlung *Der runde Violinbogen* (1933). Zum festen Orgelrepertoire gehörten Franck, Mendelssohn, Widor. Als Klavierlehrer ließ er unter anderen Beethoven, Mendelssohn, Schumann spielen, außerdem dann und wann ganz unliterarische Sachen, damit seine Schüler auch denen Freude bereiten konnten, «die durch die Lebensumstände daran gehindert worden sind, zu wirklicher Kultur zu gelangen»[126].

Das alles sind Zuflüsse und Nebenarme im Stromsystem von Schweitzers Musik. Aber unbestreitbar bleibt: Trüge sie einen einzigen Namen, es wäre Bach. Nirgends wird das eindringlicher belegt als in der schriftlichen Antwort auf eine Umfrage der deutschen Zeitschrift «Die Musik» zum Thema: «Was ist mir Johann Sebastian Bach und was bedeutet er für unsere Zeit?» Neben vielen anderen äußerte sich der dreißigjährige Albert Schweitzer dazu.[127]

Was mir Bach ist? Ein Tröster. Er gibt mir den Glauben, daß in der Kunst wie im Leben das wahrhaft Wahre nicht ignoriert und nicht unterdrückt werden kann, auch keiner Menschenhilfe bedarf, sondern sich durch seine eigene Kraft durchsetzt, wenn seine Zeit gekommen. Dieses Glaubens bedürfen wir, um zu leben. Er hatte ihn. So schuf er in kleinen, engen Verhältnissen, ohne zu ermüden und zu verzagen, ohne die Welt zu rufen, daß sie von seinen Werken Kenntnis nähme, ohne etwas zu tun, sie der Zukunft zu erhalten, einzig bemüht, das Wahre zu schaffen.

Darum sind seine Werke so groß, und er so groß als seine Werke. Sie predigen uns: stille sein, gesammelt sein.

Und daß der Mensch Bach ein Geheimnis bleibt, daß wir außer seiner Musik nichts von seinem Denken und Fühlen wissen, daß er durch keine Gelehrten- und Psychologenneugierde entweiht werden kann, ist so schön. Was er war und erlebt hat, steht nur in den Tönen . . .

Um ihn zu verstehen, bedarf es keiner Bildung und keines Wissens, sondern nur des unverbildeten Sinnes für das Wahre; und wer von ihm ergriffen ist, kann in der Kunst nur noch das Wahre verstehen. Er wird hart und ungerecht gegen das, was nur schön ist, worin keine Kraft und Sammlung, kein großes Denken lebt . . .

Das ist das gewalttätig Ungerechte dieser einzig großen Geister, daß sie erbarmungslos, ohne es zu ahnen, das Kleine und mittelmäßig Gute zertrümmern und nur das Große bestehen lassen. Aber das ist die Gerechtigkeit des Lebens, des erbarmungslos wahren Lebens.

Kant

Neben den beherrschenden Planeten am Straßburger Studienhimmel, Theologie und Musik, nimmt die Philosophie sich wie ein Stern dritter Größe aus. Das liegt zunächst daran, daß der Sechsundfünfzigjährige in der Rückschau dem Lehrfach in der genannten Zeit keinen eigenen Abschnitt, keine abgeschlossene Wohnstatt gegeben hat.

Die Philosophie – genauer: Kant – haust zur Untermiete im Kapitel *Paris und Berlin 1898–1899* und wird dort auf geringem Raum untergebracht. Bei einem unter dem Regenschirm geführten Gespräch hatte Theobald Ziegler seinem Seminarschüler vorgeschlagen, über Kants Religionsphilosophie zu promovieren. Ebenso im Vorübergehen, wie der Auftrag vergeben wurde, wirkt die Wiedergabe auf zwei Druckseiten, etwas pflichtgemäß-registrierend, obwohl zu lesen steht, daß das Thema ihm sehr zugesagt habe. Die Relation zwischen dem äußeren Bild und dem wirklichen Gewicht des Gegenstandes stimmt in zweifacher Hinsicht nicht.

Zunächst stellt die Dissertation, die erste von dreien, eine Leistung dar, die in den heutigen biographischen und fachlichen Untersuchungen noch hoch gewürdigt wird.[128] Mit großem analytischem Scharfsinn hat der Dreiundzwanzig- und Vierundzwanzigjährige im Winter 1898/99 in Paris ohne Sekundärliteratur (*wegen des schwerfälligen Betriebs auf dem Lesesaal*[129]) Unstimmigkeiten in Kants Schriften herausgefunden. So gehen bei ihm *eine kritische und eine ethische Religionsphilosophie . . . nebeneinander her*, weil die beiderseitigen Voraussetzungen und Forderungen antagonistisch zueinander stehen. Vergeblich sucht Kant sie zu harmonisieren. Was die kritische Erkenntnis diktiert, hält das Sittengesetz nicht ein; von diesem *läßt Kant sich stetig weiterführen. Weil er tiefer wird, kann er nicht konsequent bleiben.*[130]

Das ist nur eines der Ergebnisse der ersten großen wissenschaftlichen Arbeit, die mit ihren 325 Druckseiten als Ertrag von einigen Wintermonaten schon physisch in Erstaunen setzt (wie oft schon und wie oft noch?) – hat doch der Doktorand obendrein vollauf mit der Kunst zu tun: Orgel bei Widor, Klavierunterricht bei Isidore Philipp, experimentelle Anschlagtechnik bei Marie Jaëll-Trautmann. *Die Doktorarbeit hatte weder unter der Kunst noch unter der Geselligkeit zu leiden*, die der Schwerarbeiter am Schreibtisch doch bei aller geistigen Anspannung in der Metropole der ausgehenden legendären belle époque nicht vernachlässigte; für Kant war die Nacht lang genug. *Es kam vor, daß ich morgens Widor auf der Orgel vorspielte, ohne überhaupt im Bett gewesen zu sein.*[131]

Widerlegt so bereits die Kant-Dissertation die optische Unterbewertung der Philosophie, so runden weitere Belege den Gegenbeweis ab. Da gibt es eine Äußerung von 1908, die die schwarz auf weiß demon-

*Immanuel Kant.
Zeichnung von Schnorr von Carolsfeld (Ausschnitt)*

strierte Rangfolge geradezu umkehrt: *Und ich bin eben nicht Theologe, sondern der Philosophie, dem «Denken» ergeben. Und das ist eine herrliche und zugleich furchtbare Krankheit, wie schon Sokrates, der Mensch, den ich neben Jesus am höchsten stelle, andeutete . . .* (Brief an Gustav von Lüpke)[132] Das war kein Augenblicksbekenntnis, sondern eine Eigenbewertung von Dauer. Als der Leipziger Verleger Felix Meiner Ende der zwanziger Jahre eine Reihe prominenter Selbstdarstellungen veröffentlichte, entschied Schweitzer sich gegen die theologische und für die philosophische Sparte. Und 1964, hoch im Alter, hieß es in einem Brief[133] im Rückblick auf Straßburg: *Ich war mir aber bewußt, daß ich . . . ein Suchender in Philosophie geworden war und dies als Hauptberuf ansah. Schon als Student war ich im Untergrund meines Denkens mehr mit Philosophie als mit Theologie beschäftigt.*

Das alles ist weder unerwartet noch unglaubhaft. Der geborene Ethiker mußte frühzeitig zu einem Fachgebiet finden, in dem die Ethik ihre wissenschaftliche Adresse hat. Vom Bekanntwerden mit Philosophie durch den Gymnasialdirektor Deecke bis zur Kulturphilosophie von 1923 führt ein gerader Weg. Reine erkenntniskritische Fachphilosophie konnte es aber nie werden. Deshalb, unter anderem, wurde Zieglers Angebot einer Habilitation in der Philosophischen Fakultät ausgeschlagen, auch wenn darüber nichts geschrieben steht. Immer haben Schweitzer philosophische Fragen nur so weit gefesselt, wie seine Wünschelrute ethisches Geistesgut darin fand.

Hier gab es gleichfalls, wie auf jedem anderen Schauplatz seiner Lebensentfaltung, eine Art Initialzündung, ein Ausgangsgeschehen, das den schon suchenden Gedanken die Richtung wies. Solche Ereignisse ähnelten geistigen Raketenstarts, bei denen eine von außen antreibende Kraft so nachhaltig wirkt, daß der Gedanke eine «Umlaufbahn» erreicht, wobei es dann nicht mehr der Schubstärke, nur der rechten Steuerung bedarf. Auslösend also für die von nun an lebenslange kulturkritische Anwendung ethischer Philosophie – denn er konnte dieses Fach niemals nur rezeptiv und wissenschaftsgeschichtlich betreiben – war ein Sommerabend 1899 in Berlin, wo der cand. phil. sich nach der Kant-Arbeit auf die mündliche Prüfung vorbereitete. Im Hause der Witwe des Hellenisten Ernst Curtius ging es in einer Diskussion um Kultur und Kulturphilosophie im allgemeinen.

Plötzlich sprach einer . . . das Wort aus: «Ach was! Wir sind ja doch alle nur Epigonen.» Es schlug wie ein Blitz neben mir ein, weil es dem Ausdruck gab, was ich selber empfand.

Schon seit meinen ersten Universitätsjahren hatte ich angefangen, der Meinung, daß die Menschheit in einer sicheren Entwicklung zum Fortschritt begriffen sei, mit Bedenken zu begegnen . . . Bei soundso viel Gelegenheiten mußte ich feststellen, daß die öffentliche Meinung öffentlich kundgegebene Inhumanitätsgedanken nicht mit Entrüstung ablehnte, sondern hinnahm und inhumanes Vorgehen der Staaten und Völker als opportun guthieß . . . Aus soundso viel Anzeichen mußte ich auf eine eigentümliche geistige und seelische Müdigkeit des arbeitsstolzen Geschlechts schließen . . .

Mir . . . wollte es vorkommen, als ob wir im geistigen Leben vergangene Generationen nicht nur nicht überholt hätten, sondern vielfach nur von ihren Errungenschaften zehrten . . .

Und nun sprach einer aus, was ich der Zeit stumm und halb unbewußt entgegengehalten hatte! Von jenem Abend im Hause Curtius an war ich neben allen anderen Arbeiten innerlich mit einem Werke beschäftigt, das ich «Wir Epigonen» betitelte.[134]

Wir Epigonen wurde sogar begonnen, wie erst der Nachlaß bewiesen hat. Aber das Werk nahm einen anderen Verlauf, als gedacht. Das entschied sich 1914 in Afrika.

Der Ruf

Am 13. Oktober 1905, einem Freitag, warf ich in Paris in einen Briefkasten der Avenue de la Grande Armée Briefe ein, in denen ich meinen Eltern und einigen meiner nächsten Bekannten mitteilte, daß ich mit Anfang des Wintersemesters Student der Medizin werden würde, um mich später als Arzt nach Äquatorialafrika zu begeben . . .
Den Plan, den ich nun zu verwirklichen unternahm, trug ich schon länger mit mir herum. Sein Ursprung reicht in meine Studentenzeit zurück. Es kam mir unfaßlich vor, daß ich, wo ich so viele Menschen um mich herum mit Leid und Sorge ringen sah, ein glückliches Leben führen durfte. Schon auf der Schule hatte es mich bewegt, wenn ich Einblick in traurige Familienverhältnisse von Klassenkameraden gewann und die geradezu idealen, in denen wir Kinder des Pfarrhauses zu Günsbach lebten, damit verglich. Auf der Universität mußte ich in meinem Glücke, studieren zu dürfen und in Wissenschaft und Kunst etwas leisten zu können, immer an die denken, denen materielle Umstände oder die Gesundheit solches nicht erlaubten. An einem strahlenden Sommermorgen, als ich – es war im Jahre 1896 – in Pfingstferien zu Günsbach erwachte, überfiel mich der Gedanke, daß ich dieses Glück nicht als etwas Selbstverständliches hinnehmen dürfe, sondern etwas dafür geben müsse. Indem ich mich mit ihm auseinandersetzte, wurde ich, bevor ich aufstand, in ruhigem Überlegen, während draußen die Vögel sangen, mit mir selber dahin eins, daß ich mich bis zu meinem dreißigsten Lebensjahr für berechtigt halten wollte, der Wissenschaft und der Kunst zu leben, um mich von da an einem unmittelbaren menschlichen Dienen zu weihen. Gar viel hatte mich beschäftigt, welche Bedeutung dem Worte Jesu, «Wer sein Leben will behalten, der wird es verlieren, und wer sein Leben verliert um meinet- und des Evangeliums willen, der wird es behalten», für mich zukomme. Jetzt war sie gefunden. Zu dem äußeren Glücke besaß ich nun das innerliche.[135]

Mit einem Gleichmut, als ginge es um die Auswahl der Vorlesungen, werden Lebensweichen gestellt. Da alles vollkommen so eingetroffen ist, wie beschlossen, läßt sich nicht einmal zur Entschuldigung Schiller bemühen: «Schnell fertig ist die Jugend mit dem Wort.» Schweitzer muß mit den ihn lenkenden Schicksalskräften immer auf gutem Fuß gestanden haben. Nirgends quälendes Analysieren, grüblerische Gewissenserforschung. Seine wenngleich komplizierte, so doch harmonisch geschlossene Natur wußte sich irrational aufgehoben und geführt. Er besaß die seltene Gabe der echten Demut, die sich im gegebenen Moment kampflos überlassen kann, die sich nicht stemmt und intuitiv das ferne Ziel sicher erkennt, auch wenn der Weg dorthin erst noch gefunden werden muß.

Das Selbstversprechen gewinnt an Tiefenschärfe, wenn man die in die Kindheit reichenden Voraussetzungen einbegreift. *Die Frage nach dem Recht auf Glück* war schon in den frühen Jahren *das zweite große Erlebnis* gewesen, zusammen mit dem *Ergriffensein von dem Weh, das um uns herum und in der Welt herrscht. Diese beiden Erlebnisse schoben sich langsam ineinander,* schreibt Albert Schweitzer. *Damit entschied sich meine Auffassung des Lebens und das Schicksal meines Lebens.*[136]

Der Entschluß von 1896 verwirklichte sich nicht ohne Umwege vergeblichen Suchens, nachdem die Habilitation schon in der Gewißheit angestrebt worden war, daß ihr eine akademische Laufbahn nicht folgen würde. Eine Weile plante der Privatdozent, *verlassene oder verwahrloste Kinder aufzunehmen und zu erziehen und sie daraufhin zu verpflichten, später ihrerseits in derselben Weise solchen Kindern zu helfen*[137]. Als er sich aber nach dem Brand des Straßburger Waisenhauses dem Direktor in dem Sinne anbot, ließ der ihn *überhaupt nicht ausreden. Die Bestimmungen der Fürsorgeorganisationen . . . waren auf eine solche Mitarbeit von Freiwilligen nicht eingestellt.*[138] Manche Erfolge gab es dagegen in privater Fürsorge, die schon der Student in der Vereinigung «Diaconat Thomana» geübt hatte. Finanzielle Grundlage waren Spenden, die die studentischen Mitglieder auf Bittgängen sammeln mußten. *Für mich, der ich schüchtern und gesellschaftlich ungewandt war, waren sie eine Pein*, wenn auch *Vorstudien für mein späteres Betteln*, mit der Lernerfahrung, *daß zum rechten Betteln auch das freundliche Ertragen des Zurückgewiesenwerdens gehört*[139].

Dem Sozialhilfe-Amateur, der sich auch Vagabunden und entlassenen Strafgefangenen pläneschmiedend zuwandte, wurde klar, daß alle notwendigen Einzelaktivitäten *nur in Zusammenarbeit mit Organisationen etwas Ersprießliches leisten könnten.* Sein Ziel war aber *ein absolut persönliches und unabhängiges Handeln*[140]. Auf diesen Erinnerungspfaden im neunten Kapitel *Aus meinem Leben und Denken* führt uns der Verfasser zu der berühmten Wegkreuzung, die mit erstaunlicher Kompaßgenauigkeit erreicht wurde, ehe das dritte Lebensjahrzehnt, das den Talenten und Neigungen reserviert bleiben sollte, zu Ende ging.

Eines Morgens, im Herbst 1904, fand ich auf meinem Schreibtisch im Thomasstift eines der grünen Hefte, in denen die Pariser Missionsgesellschaft allmonatlich über ihre Tätigkeit berichtete . . . Mechanisch schlug ich dies am Abend zuvor in meiner Abwesenheit auf meinen Tisch gelegte

Von Geld ist die Rede, von wem noch?

«Noch immer glaubet sie . . .

. . . daß Du Dich in Deiner Rechnung vor die Zukonnft betriegest», schrieb Anna ihrem Verehrer. Und «sie» war Annas Mutter. Sie wollte ihre Tochter nicht mit einem Mann von ungewisser Zukunft verheiratet sehen.

Die beiden heirateten schließlich doch, mit dem Segen und dem Geld der Brauteltern. Aber die Schwiegermutter behielt recht mit ihrer düsteren Ahnung. Der Tochtermann kam nie auf einen grünen Zweig. Seine wirtschaftlichen Unternehmungen scheiterten allesamt.

Da war zunächst der Versuch, nach der Schulzeit über eine juristische Ausbildung ins politische Leben zu kommen. Daraus wurde nichts. So wählte der Mann «den schönsten Beruf der Welt», er wurde Landwirt. Dazu verhalfen ihm Kredite aus der Verwandtschaft seiner Frau. Aber das Projekt verlief nicht nach Wunsch. Als ein Bankier einen Kredit von 15000 Gulden zurückverlangte, brach das landwirtschaftliche Unternehmen zusammen. Von nun an lebte der Mann lange in Armut: «Dreißig Jahre war mein Leben eine unaufhörliche oeconomische Verwirrung», schrieb er später.

Er versuchte sich nun in der Baumwollindustrie, wobei er Kinderarbeit und Kindererziehung miteinander zu verbinden suchte. Aber das Projekt, den «armen Kindern Auferziehung und Arbeit» zu geben, scheiterte ebenfalls. Wieder mußten die Geldgeber Verluste hinnehmen. Und auch die weiteren Versuche des Mannes, etwas Ökonomisches oder Pädagogisches praktisch zu verwirklichen, scheiterten. Mit seinen theoretischen Schriften über Erziehung aber erreichte er einen großen Erfolg und zu seiner Zeit einen erheblichen Einfluß. Von wem war die Rede?
(Alphabetische Lösung: 16–5–19–20–1–12–15–26–26–9)

Pfandbrief und Kommunalobligation

Meistgekaufte deutsche Wertpapiere - hoher Zinsertrag - schon ab 100 DM bei allen Banken und Sparkassen

Verbriefte  Sicherheit

Heft auf, während ich es, um alsbald an meine Arbeit zu gehen, beiseite legte. Da fiel mein Blick auf einen Artikel mit der Überschrift «Les besoins de la Mission du Congo» (Was der Kongomission not tut). Er war von Alfred Boegner, dem Leiter der Pariser Missionsgesellschaft, einem Elsässer, und enthielt die Klage, daß es der Mission an Leuten fehle, um ihr Werk in Gabun, der nördlichen Provinz der Kongokolonie, zu betreiben. Zugleich sprach er die Hoffnung aus, daß dieser Appell solche, «auf denen bereits der Blick des Meisters ruhe», zum Entschluß bringe, sich für diese dringende Arbeit anzubieten. Der Schluß lautete: «Menschen, die auf den Wink des Meisters einfach mit: Herr, ich mache mich auf den Weg, antworten, dieser bedarf die Kirche.»

Als ich mit dem Lesen fertig war, nahm ich ruhig meine Arbeit vor. Das Suchen hatte ein Ende.[141]

Die großen Berufungen und Erweckungen stehen jenseits von Bewertung und Interpretation. Sie sind seelische Naturereignisse, und der Historiker, der Biograph begnügt sich mit zufriedenem Zitieren, wenn der Berufene die Entscheidung selber noch so gültig veranschaulicht hat. Doch so viel sei angemerkt:

All die Jahre von den Pfingstferien 1896 bis zum Herbst 1904 hatte der Gedanke eines Dienstberufs sich von den großen ethischen Energien, die im Bewußtsein auf Vorrat lagen, genährt. Für die inzwischen sichtbaren Talentbeweise in Theologie, Musik und Philosophie war der einstige Entschluß keine Fessel, an der sie erfolgshungrig zerrten. Nichts läßt darauf schließen, daß der erste Entscheid auch nur momentweise als Jugendtorheit beklagt worden ist. Wenn nun der knapp dreißigjährige Direktor des Studienstifts von St. Thomas (seit 1903) Boegners Aufruf ruhig zur Seite legte und seine Arbeit vornahm, dann nicht nur, weil die innere Bereitschaft eine Blankovollmacht für das geographische Ziel bedeuten mußte. Merkwürdigerweise lag der Tenor des Appells auf einer Frequenz, die Schweitzers Empfangsvermögen genau traf. Dazu kam, daß Afrika schon dem Günsbacher Kind – nicht nur durch die vom Vater wiedergegebenen Berichte der Missionare – zu vertrauter Gegenständlichkeit geworden war. *Auf dem Marsfeld in Colmar, am Denkmal des Admirals Bruat, geschaffen von Bartholdi, ist ein Neger in Stein gehauen . . . mit einem sinnenden, traurigen Ausdruck im Gesicht. Dieser Neger beschäftigte mich sehr. Sooft wir nach Colmar kamen, suchte ich Gelegenheit, ihn zu beschauen. Sein Antlitz sprach mir von dem Elend des dunklen Erdteils.* Das Denkmal hatte den *kindlichen Gedanken die Richtung in die Ferne gegeben.*[142]

Die Richtung war nun entschieden, der Ruf gehört, die Bereitschaft da, «sich für diese dringende Arbeit anzubieten». Im Sinne des Aufrufs konnte es sich dabei nur um missionarische Arbeit handeln. Dem Leser wird statt dessen der Eindruck vermittelt, daß dies gar nicht erwogen wurde.

Negerstatue von Bartholdi in Colmar

Als das Unvernünftigste an meinem Vorhaben erschien meinen Freunden, daß ich statt als Missionar als Arzt nach Afrika gehen wollte und mir also mit meinen dreißig Jahren vorerst noch ein langes und beschwerliches Studium auflud . . .
Arzt wollte ich werden, um ohne irgendein Reden wirken zu können. Jahrelang hatte ich mich in Worten ausgegeben. Mit Freudigkeit hatte ich im Beruf des theologischen Lehrers und Predigers gestanden. Das neue Tun aber konnte ich mir nicht als ein Reden von der Religion der Liebe, sondern nur als ein reines Verwirklichen derselben vorstellen. Zur Erhärtung folgt noch der Satz, daß in Äquatorialafrika *ein Arzt, nach den Berichten der Missionare, das Notwendigste des Notwendigen war* [143].

So haben es Generationen in dem meistgekauften Buch des Urwalddoktors gelesen. Im Rückblick, von der Verwirklichung her, klingen die Sätze *Aus meinem Leben und Denken* ganz unbeirrt und konsequent.

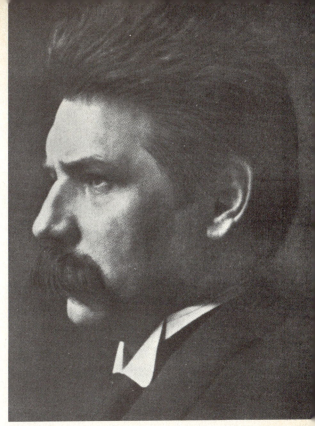

1905

Um so erstaunlicher die Revision durch einen Brief von 1905 aus dem Nachlaß. Darin stellen sich die damaligen Überlegungen zunächst ganz anders dar. Schweitzer hat nicht von vornherein an rein ärztliche Tätigkeit gedacht, sondern an eine missionarische mit medizinischem Grundwissen. Das geht aus der Antwort an Boegner hervor – übrigens erst mehr als ein Jahr nach dem Hilferuf! Der stammte schon vom Juni 1904. Das grüne Heft auf dem Schreibtisch im Thomasstift war also ein Vierteljahr alt oder mehr, bevor es seinen wichtigsten Leser fand. Er ließ sich dann bis zum 9. Juli 1905 Zeit, alles gründlich zu durchdenken. Das innere Ja war spontan gewesen, aber etwa ein dreiviertel Jahr Reifezeit brauchte das Ja, um dem Missionsdirektor mitgeteilt zu werden.

Wie sah die Antwort im einzelnen aus? Geplant war, im März 1906 die Stellung als Stiftsdirektor zu kündigen und bis September im Amt zu bleiben, *um ein Werk über Dogmengeschichte fertig zu stellen*[144]. An-

schließend möchte ich noch sechs Monate haben, um mir einige allgemeine Kenntnisse anzueignen, die für die Mission nötig sind, und besonders, um etwas Medizin zu treiben. Ich bin in dieser Beziehung sehr begünstigt, denn einige meiner Kollegen aus der medizinischen Fakultät, die mir gut Freund sind, werden mich mit Vergnügen in ihren Kliniken zulassen und mir die Elementarkenntnisse beibringen, die ich brauche. Ich werde dieses Studium schon im kommenden Winter anfangen. Finden Sie nicht auch, daß medizinische Kenntnisse unbedingt nötig sind? ... Das würde uns bis zum Frühjahr 1907 bringen.

Der Brief ist ein Quelle von besonderer Unmittelbarkeit, weil er das Stadium des Sondierens festhält. Afrika ist zu diesem Zeitpunkt wie ein Haus, dem noch die Inneneinrichtung fehlt. Die Medizin, soviel steht fest, war hier nur auf drei Semester veranschlagt (Wintersemester 1905/ 06 bis Frühjahr 1907). Das Schreiben als Ganzes[145] ist ein intimes Zeugnis eines Mannes, der sein Herz öffnet im Bekennen seiner Jesus-Gehorsamkeit. *Ja, ich habe alles gekannt: die Wissenschaft, die Freuden der Wissenschaft, die Freuden der Kunst, ich kenne das erhebende Gefühl des Erfolges, und mit wahrem Stolz habe ich meine Antrittsvorlesung mit 27 Jahren gehalten. Aber das alles hat meinen Durst nicht gestillt, ich fühle, daß das nicht alles ist, daß es nichts ist. Ich bin immer einfacher, immer mehr Kind geworden, und ich habe immer deutlicher erkannt, daß die einzige Wahrheit und das einzige Glück darin besteht, unserem Herrn Jesus Christus dort zu dienen, wo er uns braucht. Hundert Mal habe ich darüber nachgedacht, ich habe meditiert im Gedanken an Jesus, ich habe mich gefragt, ob ich leben könnte ohne Wissenschaft, ohne Kunst, ohne die intellektuelle Umgebung, in der ich mich befinde – und immer, am Ende aller Überlegungen, ein freudiges Ja.*

Die Linie läßt sich weiterführen zu einem Brief von 1931, in dem es heißt: *Jesus hat mich einfach gefangengenommen seit meiner Kindheit ... Mein Gehen nach Afrika ist ein Gehorsam gegen Jesus. Meine Entwicklung ist ohne jeden Bruch vor sich gegangen.*[146]

Die religiöse Grundlage der Berufung hat nie in Zweifel gestanden, seit Schweitzers Selbstzeugnisse die ersten ihrer vielen Freunde fanden. Noch die unbewußt gelübdeartige Wortwahl läßt eher einen Ordensgeistlichen vermuten: *... um mich von da an einem unmittelbaren menschlichen Dienen zu weihen.* Wir sind nur bisher immer davon ausgegangen, daß zwar der Geist christlich war, die beabsichtigte Tat hingegen von Anbeginn profan. Den «Missionar» Schweitzer zu treffen, wo man auf den künftigen Urwalddoktor zu stoßen glaubt, ist daher überraschend. Unstimmig ist es nicht, zumal hier wiederum das Echo ältester Erlebnisse hörbar ist: *Auf die Nachmittagsgottesdienste zu Günsbach geht auch mein Interesse für Mission zurück.*[147]

Als *der liebe Missionsdirektor Boegner* die späte Antwort auf seinen Notruf erhielt, *war er zwar sehr bewegt ... er eröffnete mir aber alsbald, daß vorerst schwere Bedenken, die von Mitgliedern des Komitees gegen meinen theologischen Standpunkt geltend gemacht wurden, weggeräumt werden müßten. Als ich ihm versicherte, daß ich «nur als Arzt» kommen wollte, fiel ihm ein Stein vom Herzen.*[148]

Die beiden Sätze, die hier nahtlos ineinandergefügt stehen, sind in Wirklichkeit durch eine innere Umkehr getrennt. Zwischen Boegners Reaktion und der Antwort darauf muß der Gedankengang aus dem Brief vom Juli aufgegeben worden und der Hinwendung zur reinen Medizin gewichen sein. *Auf freundlichen Rat von Professoren der Medizin an der hiesigen Fakultät entschloß ich mich, es nicht bei einer lückenhaften Ausbildung bewenden zu lassen, sondern das Studium rite zu betreiben*[149], heißt es im Lebenslauf für das medizinische Staatsexamen. «Offiziell» erfahren wir nun das Ergebnis, als hätte es den Umweg nie gegeben. Die Zickzacklinie wird nachträglich zu einer Geraden. Dadurch ist die wahre Perspektive verkürzt. Aus dem autobiographischen Blickwinkel von 1930/31 war das legitim. Die biographische Sicht von heute läßt im Wegenetz von Schweitzers Schicksal auch die Sackgassen nicht aus.

Die rechtgläubigen Mitglieder des Pariser Missionskomitees waren immer noch nicht zufrieden, als sie erfuhren, daß der Bewerber aus Straßburg mit der ungewöhnlichen Spannweite der Befähigung *nur als Arzt* in das Missionsgebiet zu gehen gedachte. Seine theologische Liberalität ging selbst für bibelfreien Dienst zu weit. Einstweilen sorgten sich weder der Direktor noch der Aspirant darum, daß in seinem Fall *die rechte christliche Liebe* nicht zugleich über *den rechten Glauben* gebot. Beide vertrauten darauf, daß die Orthodoxen *noch einige Jahre Zeit hätten, um zur rechten christlichen Vernunft zu kommen*[150].

Schwerer war im Augenblick der Abwehrkampf an der Freundesfront. Widor schalt seinen Meisterschüler einen General, der sich mit der Flinte in den Schützengraben legen wollte. Andere vermuteten als Beweggrund Enttäuschungen irgendwelcher Art, bis hin zu *traurigen Herzenserlebnissen*. Das bevorstehende lange Medizinstudium stand, wie erwähnt, im Zentrum der Kritik. «Er hat uns die Gründe wohl gesagt», schreibt Elly Heuss-Knapp, die Straßburgerin, «aber verstanden haben wir ihn nicht ganz ... Wir ahnten indes, daß es Berufung im höchsten Sinne war, gegen die es keine Einwendungen gibt.»[151] *Eine wahre Wohltat waren mir die Menschen, die mir nicht mit der Faust ins Herz zu langen suchten, sondern mich für einen ein bißchen um seinen Verstand gekommenen ältlichen Jüngling ansahen und mich dementsprechend mit liebem Spott behandelten.*[152]

Die Argumente der Wohlmeinenden brachen sich an seinem elsässischen Dickschädel wie der Wellenschlag an den Buhnen, hatte er doch schon in dem großen Brief vom Juli 1905 geschrieben: *... ich habe mich bis in die tiefsten Tiefen meines Herzens geprüft: mein Entschluß ist ge-*

faßt, nichts kann ihn mehr ändern.

Anzufügen bleibt, daß die Jesus-Nachfolge nicht nur eine individuelle Schicksalsrechnung begleichen wollte, sondern daß der Weg in den Süden zugleich eine überpersönliche Sühneleistung für die Schandtaten des weißen Mannes sein sollte. In dem Sinne war die Predigt zum Missionsfest am 6. Januar 1905 bereits ein Programm. Wohl hatte zu dem Zeitpunkt das Suchen ein Ende gefunden, doch war die Art des Dienstes noch nicht entschieden. Bei der Seelenwanderung durch das Niemandsland zwischen dem aufgegebenen bürgerlichen Leben und den noch unscharfen Umrissen des Pionierdaseins von übermorgen rechnet der Vikar mit dem Kolonialismus ab.

O, diese vornehme Kultur, die so erbaulich von Menschenwürde und Menschenrechten zu reden weiß und die diese Menschenrechte und Menschenwürde an Millionen und Millionen mißachtet und mit Füßen tritt, nur weil sie über dem Meere wohnen, eine andere Hautfarbe haben, sich nicht helfen können; diese Kultur, die nicht weiß, wie hohl und erbärmlich, wie phrasenhaft und gemein sie vor denjenigen steht, die ihr über die Meere nachgehen und sehen, was sie dort leistet, und die kein Recht hat, von Menschenwürde und Menschenrechten zu reden.[153]

Ein Schweitzer, wie man ihn sonst auf der Kanzel kaum kennt: anklagend, gewitternd, ergrimmt wie Moses bei der Rückkehr vom Sinai. Auch dieser hier sieht ein goldenes Kalb angebetet, den Profit, denn: *An was denken unsere Völker und Staaten, wenn sie den Blick übers Meer richten? . . . Was sie aus dem Lande ziehen können, immer nur ihren Vorteil.*[154] Und der Prediger, seine humane Alternative bereits im Gewissen festigend, fragt, wo in unseren Kulturstaaten die Menschen seien, *die diese langwierige, selbstlose Arbeit unternehmen, jene Völker zu erziehen und ihnen die Segnungen unserer Kultur zu bringen. Wo sind die Arbeiter, die Handwerker, die Lehrer, die Gelehrten, die Ärzte, die . . . in diese Länder ziehen? Wo macht unsere Gesellschaft eine Anstrengung in dieser Hinsicht? Nichts und wieder nichts.*[155] Aber *unser Christentum* werde *zur Lüge und Schande, wenn nicht* alles, was draußen begangen, *dort gesühnt wird und nicht für jeden Gewalttätigen im Namen Jesu ein Helfer im Namen Jesu kommt, für jeden, der etwas raubt, einer, der etwas bringt, für jeden, der flucht, einer, der segnet*[156].

Das war kein Aufruf zur Entwicklungshilfe, sondern verschlüsselte Autobiographie, Selbstgespräch. Aber um Entwicklungshilfe ging es, und wäre der Ausdruck nicht ein Anachronismus für 1905: er träte hier erstmals in sein Recht, ein halbes Jahrhundert bevor man davon zu sprechen begann. Es ging ganz faustisch zu: Im Anfang war nicht das Wort, im Anfang war die Tat.

Der Schuldgedanke wäre unvollständig erfaßt, wenn unerwähnt bliebe, daß er noch einen privaten Aspekt besaß; nicht einen schuldsühnenden, sondern einen schuldbegründenden. Die Mutter in Günsbach hat bis zu ihrem tragischen Tod 1916 nicht verwunden, daß ihr Sohn seinen so erfolgreichen Weg abgebrochen hatte. Später standen Frau und Kind immer hinter den Pflichten zurück. «Wer Schweitzer gekannt hat, weiß, wieviele Schuldgefühle unter so viel Robustheit dauernd in ihm mitschwangen» (Minder). Der eingangs erwähnte Gesichtspunkt bei der *Ehrfurcht vor dem Leben*, daß wir unvermeidbar anderen Wesen Leid bringen und ein Dasein sich auf Kosten des anderen durchsetze: hier wird genau dies auf anderer Ebene erlitten. Alles, was Schweitzer über Ethik geschrieben hat, war selbsterprobt. Er lebte nicht nach seiner Lehre, sondern er lehrte nach seinem Leben.

Als ich mich bei Professor Fehling, dem damaligen Dekan der medizinischen Fakultät, als Student anmeldete, hätte er mich am liebsten seinem Kollegen von der Psychiatrie überwiesen.[157] Der mit trockenem Witz registrierte akademische Pflichtgang leitete einen Lebensabschnitt ein, der bei aller Überforderung ein geistiges Erlebnis war, gerade in den beschwerlichsten vorklinischen Semestern. Die intensive Beschäftigung mit den Naturwissenschaften vertiefte die alte Neigung vom Gymnasium und half, in den Geisteswissenschaften, vor allem *in der Philosophie, den Boden der Wirklichkeit unter den Füßen zu haben*[158]. Der Mediziner aus Pflicht, nicht aus Neigung, empfand es nach den vielen Jahren denkerischer Auseinandersetzung als wohltuend, *unter Menschen zu sein, denen es selbstverständlich war, daß sie jede Behauptung durch Tatsachen zu erweisen hatten.* Er nannte dies: *ein für meine geistige Entwicklung notwendiges Erlebnis*[159]. In den Goethe-Reden, von 1928 bis 1949, wird mit intimem Verstehen daran erinnert werden, wie Goethe in mittleren Lebensjahren die gleiche Erfahrung gemacht, den gleichen Gewinn gezogen und wie er daher den Zeitaufwand für die Naturwissenschaften nicht als Verzettelung seiner Kräfte, sondern als Erweiterung des Horizonts begriffen hat.

Der Preis für das – anders verursachte – Nachmachen war hoch. Kurz nach dem Physikum im Mai 1908 (*Leben und Denken* nennt fälschlich 1909) steht in einem Brief: *Die drei Jahre, die hinter mir liegen, sind grausig.*[160] Das verwundert nicht. Normalerweise ist ein Medizinstudium eine ausfüllende Beschäftigung. Hier lief die bisherige Arbeitsvielfalt ungeschmälert weiter: theologische Dozentur (wenngleich nur ein bis zwei Wochenstunden gelesen und bei der Themenauswahl auf früher Erarbeitetes zurückgegriffen wurde), Konzerttätigkeit, «Orgelreisen», Konfirmandenunterricht, Predigtamt. Und obendrein entsprossen dem Humusboden der Vitalität Schweitzers noch die beiden vielblättrigen Gewächse *Jesus* und *Bach*.

Ungeachtet der physischen Quälerei fühlte der stud. med. sich *innerlich . . . ruhig und glücklich* und bemerkte zufrieden: *Die Leute, die mich anfangs für verrückt hielten, spötteln nicht mehr.*[161] Die klinischen Semester erwiesen sich zwar als relativ weniger aufreibend, weil der Stoff einheitlicher war; als aber am 3. Dezember 1910 die letzte Prüfung – bei dem Chirurgen Madelung – vorüber war, *konnte* der Fünfunddreißigjährige, der im Gesamtergebnis mit «Sehr gut» abgeschlossen hatte, *es doch nicht fassen, daß die furchtbare Anstrengung des Medizinstudiums* überstanden war. *Wie aus weiter Ferne hörte ich Madelung, der neben mir ging, einmal über das andere sagen: «Nur weil Sie so eine gute Gesundheit haben, haben Sie so etwas fertigbringen können.»*[162] Der nüchterne Idealist wollte bescheidensten Menschendienst üben, fernabgelegen und unsichtbar, aber zu dem Zweck ging er den schwerstmöglichen Weg. Er glich einem Bergsteiger, der, um einem Kranken auf der Gipfelstation eines unzugänglichen Berges Hilfe zu bringen, die direttissima wählt. Aber das ging nur, weil Madelung recht hatte. In einem Brief seines Prüflings, von 1937, steht: *Wie muß ich Gott dankbar sein für diese prima Qualität Nerven.*[163]

Die einzige medizinische Fachpublikation aus Schweitzers Feder – seine Dissertation – behandelt ein psychisch-theologisches Grenzgebiet: *Die psychiatrische Beurteilung Jesu*, ein Thema, das in der liberalen Hoch- oder Spätblüte der Jesus-Forschung weniger ungewöhnlich war, als es heute klingt. Der Doktorand nutzte seinen Wissensvorsprung aus der anderen Fakultät, worin er den früheren Bearbeitern derselben Fra-

> **Kritik**
> der
> **von medizinischer Seite veröffentlichten**
> **Pathographien über Jesus.**
>
> ---
>
> Inaugural-Dissertation
>
> zur
>
> Erlangung der Doktorwürde
>
> der
>
> hohen medizinischen Fakultät
>
> der
>
> Kaiser-Wilhelms-Universität zu Straßburg i. E.
>
> vorgelegt von
>
> Albert Schweitzer,
> approbierter Arzt und Kandidat der Theologie.
>
> ---
>
> Tübingen
> Druck von H. Laupp jr
> 1913.

gestellung, Nur-Medizinern, überlegen war. Der Vorteil erwies sich als Danaergeschenk, weil das Einarbeiten *in das uferlose Paranoiaproblem . . . über ein Jahr in Anspruch nahm*[164]. Aus der Kenntnis der geistesgeschichtlichen Voraussetzungen und Umweltverhältnisse Jesu leitete sich ein Forschungsergebnis her, das den Erwartungen entsprach: Seinem Messianitätsbewußtsein – das von der heutigen Theologie überwiegend im Sinne Wredes bestritten wird – hafte *nichts* an *von krankhaftem Größenwahn*[165].

Erst als der achtunddreißigjährige Dr. med. zum Aufbruch rüstete, beim Einkaufen und Packen war, über letzten wissenschaftlichen Arbeiten saß, in Paris eine tropenmedizinische Zusatzausbildung absolvierte, die letzte Predigt hielt, kurz, als er von seinem bisherigen Leben schmerzlich Abschied nahm und seinen Hausstand auflöste, erfahren wir, daß inzwischen ein anderer «Hausstand» begründet worden war. Erst jetzt fällt das erste Wort über den Menschen, der die folgenden 45 Jahre, mit langen Unterbrechungen, an seiner Seite der nächste war. Vorher hatte es nur einmal, in der Entscheidungsphase um die afrikani-

Helene Schweitzer, geb. Breßlau, 1913

schen Pläne, lapidar geheißen, es habe *außer einem treuen Kameraden*[166] niemand um das Vorhaben gewußt. Der treue Kamerad war Helene Breßlau, und sie heiratete er im Sommer 1912.

Die Tochter des Historikers Harry Breßlau war 1879 in Berlin geboren. 1890 hatte ihr Vater einen Ruf an die Universität Straßburg erhalten. Ihrer zunächst pädagogischen Ausbildung, mit Auslandsreisen, fügte sie eine sozialberufliche hinzu und nahm sich im städtischen Dienst seit 1905 als Waisen-Inspektorin der Kinder an, mit denen der nachmalige Ehemann kein Glück hatte. Als er seine humanitären Fehlstarts unternahm, kannten sie einander schon. Im Gästebuch des Günsbacher

Pfarrerhauses erscheint Helenes Name zum erstenmal Pfingsten 1903.[167] Schweitzers Freunde vom Straßburger «Radelclub» fielen in das gastfreie Haus ein und verbrachten dort einen vergnügten Tag. Das läßt sich in Elly Heuss-Knapps Erinnerungen vergleichend verifizieren.[168] Auch sie hat ihr Leben im sozialen (und sozialpolitischen) Dienst verbracht, an der Seite eines ebenfalls erst im Alter weltbekannten Mannes. Ihrer beider Freund, der Vikar, hat sie 1908 getraut.

Von Helene Breßlau wird berichtet, daß «in ihrem zarten Körper eine stählerne Energie» lebte[169] und daß sie Schweitzers Ideen bedingungslos zu ihren eigenen machte. Um ihn begleiten zu können, nicht nur als Ehefrau, sondern als Helferin, ließ sie sich zur Krankenschwester ausbilden – der dritte Beruf. Daß aller Wille den tropischen Anforderungen auf die Dauer nicht standhielt, daß sie später nur zeitweilig noch in Lambarene mitmachen konnte und ihren Mann alleine ziehen lassen mußte, war ihre Tragik. *Daß sie das Opfer brachte, unter diesen Umständen mit der Wiederaufnahme des Wirkens in Lambarene einverstanden zu sein, habe ich nicht aufgehört, ihr zu danken.*[170] Anfangs sah Schweitzer das Problem genau umgekehrt. Er war nicht sicher, ob er durchhalten würde. *Wenn ich das Klima ertrage, werde ich heiraten, vorher möchte ich das Los einer Frau nicht an das meine binden* (an Boegner, 1905).[171] Nun hatte er doch vor dem Klimatest den etwa zehn Jahre alten Bund besiegelt. Helene war 33 Jahre alt. Bis zur Abreise im Frühjahr 1913 lebten beide im Günsbacher Pfarrhaus.

Die Zielregion stand fest seit 1904, der Zielort erst seit 1912. Hier spielte der Zufall mit. Das elsässische Missionarsehepaar Morel wirkte seit 1908 im Gabon. Ende 1911 kehrten beide zu ihrem ersten Urlaub zurück. Frau Morel nahm an zwei medizinischen Lehrgängen teil, um in Notfällen nicht zu schwerer Art helfen zu können. In der Chirurgischen Klinik lernte sie den Assistenzarzt Albert Schweitzer kennen und erfuhr, daß er in die französische Kongokolonie zu gehen beabsichtigte. Angesichts der großen Not – es gab im ganzen Einzugsbereich des Ogowe (von der Größe der Oder) einen einzigen (Militär-)Arzt in Libreville – war es nicht verwunderlich, daß die Morels ihren Landsmann anzuwerben suchten. Dieser erinnerte im April 1963, am Tage des Goldenen Afrika-Jubiläums, daran in einer Ansprache vor Schwarz und Weiß: *Er sagte zu mir: Kommen Sie doch zu uns! Und da er ein Elsässer ist und ich auch einer* bin, *so sagte ich mir; Ich gehe dorthin! Ich habe es mir nicht lange überlegt, sondern mir gesagt: Ich habe Vertrauen. Mein Vertrauen wurde nicht getäuscht.*[172]

Der Oganga

Würde der vielbemühte «repräsentative Querschnitt» der Bevölkerung gefragt werden, was von Albert Schweitzer erinnerlich sei, so fiele den meisten zuerst und vielleicht als einziges sein Arztberuf ein. Das jüngste Spezialgebiet ist das bekannteste, ist geradezu Synonym. Indes: Als der Urwalddoktor medizinisch am aktivsten – weil ganz allein – war, hat ihn die große Mehrheit nicht gekannt; als alle von ihm redeten, war er kaum mehr praktizierender Arzt. Daß die Legende erst einsetzte, als ihre eigentliche Basis verlassen war, hängt zusammen mit der großen Ernüchterung und humanitären Sehnsucht der zweiten Nachkriegszeit. Um aber den «Negerdoktor» in seiner schwierigen Bewährungsphase aufzusuchen, müssen die Scheinwerfer des Weltruhms abgeschaltet werden; statt dessen flackern Kerzenstummel im Hühnerstall.

Das war der erste Behandlungsraum neben dem Wohnhaus auf der Missionsstation Andende bei Lambarene. Der Oganga – so nannten die dortigen Eingeborenen ihren Fetischmann, und so nannten sie alsbald die weiße Konkurrenz – hatte eine Wellblechbaracke zum Arzten vorfinden sollen, aber sie war nicht rechtzeitig an ihrem Platz. Zeit zu bauen blieb nicht. *Gleich von den ersten Tagen an, ehe ich noch Zeit gefunden hatte, die Medikamente und Instrumente auszupacken, war ich von Kranken umlagert.*[173] Die *afrikanische Prosa* begann. *Gleich in den ersten Wochen hatte ich . . . Gelegenheit festzustellen, daß das körperliche Elend unter den Eingeborenen . . . eher noch größer war, als ich angenommen hatte.*[174] Der erste chirurgische Eingriff «auf freier Wildbahn», nachdem der medizinische Schutzbezirk der Universitätsklinik verlassen war, galt einem eingeklemmten Bruch. Die Bruchoperation ist wegen ihrer Häufigkeit der «afrikanische Blinddarm», vielleicht infolge konstitutioneller Bindegewebsschwäche der dortigen Bantustämme. *Ist kein Arzt in der Gegend, so sind jährlich soundso viele arme Menschen dazu verurteilt, an eingeklemmten Hernien eines qualvollen Todes zu sterben.*[175]

Das galt ebenso in anderen Fällen. Kurz vor der Ankunft des Missionsarztes und seiner Frau, die hier Op-Schwester, Stationsschwester und Hausfrau zugleich war, hatten die Morels mitansehen müssen, wie eine Eingeborene in den Wehen starb, weil das Kind ohne Kaiserschnitt nicht geboren werden konnte. Den aber wagten sie nicht; die chirurgischen Elementarkenntnisse von Frau Morel reichten dafür nicht aus. Wenn ihr angeworbener Landsmann nun schreibt: *Wie froh war ich, allen Einwendungen zum Trotze, meinen Plan, als Arzt hierherzukommen, ausgeführt zu haben!*[176] – dann war das ein glücklicher Schicksalsentscheid auch gegen die eigene ursprüngliche Intention.

So sehr die *Freude, hier wirken und helfen zu dürfen*[177], in außerordentlichen Kraftreserven Rückhalt fand: der Panzer der Unverwüstlichkeit zeigte sich an einer Stelle durchlässig wie Siegfrieds hörnerne Haut. Die Sensibilität des Medizinmannes aus Europa war mit seiner körperlichen Belastbarkeit nicht kongruent. *Ich gehöre leider zu den Ärzten, die das zu dem Berufe erforderliche robuste Temperament nicht besitzen und sich in ständiger Sorge um das Ergehen ihrer Schwerkranken und Operierten verzehren. Vergebens habe ich mich zu dem Gleichmute zu erziehen versucht, der dem Arzte bei aller Teilnahme mit den Leiden seiner Kranken das . . . Haushalten mit seinen seelischen Kräften ermöglicht.*[178]

Bald wurde der erste Heilgehilfe eingestellt: Joseph, dem man noch in den sechziger Jahren des Jahrhunderts im Spital begegnen konnte, als greisen Pensionär. Joseph, dessen heilkundliches Vokabular sich beim Dolmetschen an seinem erlernten Beruf, der Kochkunst, orientierte (*diese Frau hat Schmerzen in den oberen linken Koteletten und im Filet*[179]), hat die Lernzeit seines Doktors erleichtert, indem er ihm die Eigenarten der Stammesgenossen immer wieder vor Augen hielt. So in dem Punkt der unbedingten ärztlichen Ehrlichkeit:

Bei den Primitiven darf man es . . . nie unternehmen, dem Kranken und den Seinen noch Hoffnung machen zu wollen, wenn eigentlich keine

Die ersten Krankenhütten in Lambarene, 1913

mehr vorhanden ist. Tritt der Tod ein, ohne gebührend vorausgesagt worden zu sein, so wird daraus geschlossen, daß der Arzt . . . die Krankheit . . . nicht richtig erkannt habe. Den eingeborenen Kranken muß man schonungslos die Wahrheit sagen. Sie wollen sie erfahren und können sie ertragen. Der Tod ist ihnen etwas Natürliches. Sie fürchten ihn nicht, sondern sehen ihm ruhig entgegen. Kommt dann der Kranke wider Erwarten mit dem Leben davon, so steht es um den Ruf des Arztes nur umso besser.[180] Josephs erfahrener Rat ging dahin, es den Fetischmännern gleichzutun: Die lehnten einen aussichtslosen Fall von vornherein ab, um ihren Ruf nicht zu gefährden. Ihr weißer Kollege konnte sich nicht auf gleiche Weise aus der Verantwortung stehlen und ging das Risiko ungünstiger Statistiken für seine konkurrierende Medizin ein.

Er versorgte ein Siedlungsgebiet von sicher 150 Kilometern im Quadrat, wobei sein Stützpunkt – 30 Kilometer unter dem Äquator und auf dem gleichen Längengrad wie Straßburg – wegen des weitverzweigten Stromnetzes von überall her bequem zu erreichen war. Die Entfernungen brachten es mit sich, daß nicht nur der Kranke, sondern ebenso seine Angehörigen, die ihn mitunter viele Tage hergerudert hatten, untergebracht und versorgt werden mußten. Die wenigsten waren imstande, mit einigen Naturalien, noch seltener mit Geld, zum Unterhalt der Heilstätte beizutragen. So mußte der Wohltäter ein dreifaches tun: heilen, ernähren, bauen. Stünden im Anstellungsvertrag eines europäischen Chefarztes einer Kleinstadtklinik solche Bedingungen – sie erschienen ihm selbst als Aprilscherz zu absurd.

Ich gab dazu, was ich durch mein in drei Sprachen erschienenes Buch über J. S. Bach und durch Orgelkonzerte verdient hatte. Der Thomaskantor . . . hat also mitgeholfen, das Spital . . . zu bauen. Liebe Freunde aus dem Elsaß, Frankreich, Deutschland und der Schweiz halfen mir mit ihren Mitteln. Als ich Europa verließ, war mein Unternehmen für zwei Jahre gesichert. Ich hatte die Kosten – die Hin- und Rückreise nicht einbegriffen – auf etwa fünfzehntausend Franken für das Jahr veranschlagt, was sich ungefähr als richtig erwies.[181] Als der Krieg den bis 1915/16 berechneten Erstaufenthalt verlängerte, half die Pariser Mission mit einem Kredit. 1920 wurden die 17 000 Francs aus Einnahmen durch Konzerte und Vorträge zurückgezahlt.

Daß ganze Familien angereist kamen, um einen Patienten mit Elephantiasis oder fressenden Geschwüren, Tuberkulose oder Dysenterie zum Arzt zu bringen und als geduldige Mitesser zu warten, bis er genesen, war ökonomisch und räumlich belastend. Doch entstand aus der Not der Kollektivversorgung von Anbeginn die Tugend des Lambarene-eigenen Klinikstils. Der Kranke war – und ist bis heute – nie isoliert und allein. Schweitzers *ethische Improvisation* zwischen Wasser und Urwald hatte den Krankenanstalten der Zivilisation stets die kreatürliche Nestwärme voraus. Dadurch ging es weniger steril zu und nicht so weißleinen

Ehepaar Schweitzer mit dem Missionar Morel und seiner Frau (links), 1913

Das erste Wohnhaus in Lambarene

wie in der gepflegten Kälte der Gesundheitsfabriken bei uns daheim. Solchen Mangel an Hygiene glich die heilungsfördernde Geborgenheit aus. Gemüt gegen Bazillen: ein Interessenkonflikt, den Schweitzer zuerst aus Sachzwängen, dann wohl bald nicht minder aus Überzeugung zugunsten beider entschied.

Für seine Kritiker – zu einer Zeit erst, als sich Kritik an seiner Person überhaupt, nicht an fachlichen Einzelergebnissen, entzündete, etwa seit 1957 – war das legere Treiben ein besonderer Reiz- und Angriffspunkt. Beim Besuch in Lambarene, das immer ein Krankendorf, nie ein Krankenhaus war, oder durch Hörensagen über den seltsamen Ort mit lauter Viehzeug am Wege, Kochen auf offenem Feuer, Wäschetrocknen zwischen Krankenbaracken und Abwässerrinnen neben dem Frischoperiertensaal und der Maternité schlossen sie von da her auf mangelhafte Versorgung überhaupt. Die Schwarzen in Regionen außerhalb Gabons taten es den Weißen gleich, beide mit unterschiedlicher Motivation. Wenngleich der Hausherr sich zu diesem Zeitpunkt aus der aktiven Medizin zurückgezogen hatte, verantwortete er doch das Ganze nach wie vor. Ein Angriff auf Lambarene war somit unvermeidlich eine Attacke gegen die ärztliche Qualifikation des Chefs. Sie galt sogar rückwirkend implizit gleich mit; denn nie hat der Spitalgründer einmal bewährte Praktiken außer Kraft gesetzt, nie widerrufen, was einmal mit dem Placet geistiger Einsicht gestempelt war. War also Kritik um 1960 berech-

Die Missonsstation in Lambarene

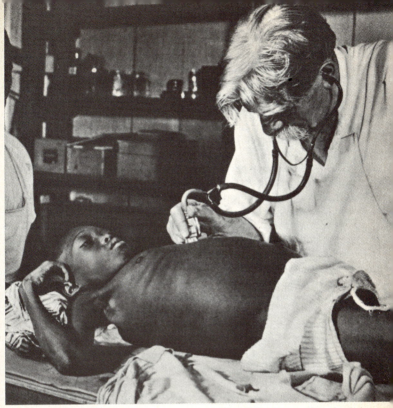

Albert Schweitzer am Krankenbett

tigt, so wäre sie auch 1913 oder 1925 berechtigt gewesen. War sie es? Es ist nicht unfair, dem Menschendienst mit der Frage nach dem Handwerk zu begegnen. Der Pflichtgedanke des Helfens ist nicht schon Gewähr seiner Effizienz.

Wer nicht weltanschaulich auf chromglitzernde Apparatelandschaften eingeschworen ist, wer – ein aktuelles Problem – den zugewandten, «einfachen» Arzt höher schätzt als den Ingenieur am Krankenbett, findet in den Selbstzeugnissen aus dem frühen Lambarene ein ganz unverbrauchtes Anschauungsmaterial, abgesehen davon, daß die Lektüre insgesamt herzerfrischend ist. In den Büchern *Zwischen Wasser und Urwald* und *Mitteilungen aus Lambarene 1924–1927* ist in chronologischem Fortgang der Aufenthalt 1913 bis 1917 und der Wiederaufbau nach dem Ersten Weltkrieg aufbewahrt. Die periodischen Niederschriften sollten Helfer und Spender in Europa auf dem laufenden halten, sie waren Rechenschaftsberichte wie diejenigen Caesars an den Senat über den gallischen Krieg. Sie entstammten unmittelbar dem Tagesdienst und schauten jeweils auf kürzlich Geschehenes zurück. Im Nachlesen nach vielen Jahrzehnten erhält sich am stärksten von allem aus Schweitzers Feder der Eindruck des Miterlebens, der Berührungsnähe zu seiner so vielgestaltigen Existenz. Hier erweist er sich auf Schritt und Tritt als der im Wortsinn praktische Arzt. Jeder Verdacht der Selbststilisierung erledigt sich von selbst angesichts des völligen Freimuts in der Schilderung von glücklichem Gelingen und vergeblichem Bemühen. Ein paar Beispiele für das chirurgische Geschick und die einfallsreichen Therapien des Oganga:

Letzthin bekam ich eine Rarität zu operieren, um die mich mancher berühmte Chirurg beneiden könnte. Es handelte sich um eine inkarzerierte, hinten unter den Rippen heraustretende Hernie, eine sogenannte Lumbalhernie. Der Fall wies alle nur denkbaren Komplikationen auf. Als der Abend hereinbrach, war ich noch nicht fertig. Für die letzten Nähte mußte Joseph mit der Lampe leuchten. Der Kranke genas. (Abschnitt *Juli 1913 bis Januar 1914*.)[182]

Mit Amputationen wurde stets gegeizt. *Wir müssen uns ... die Amputation selbst da versagen, wo sie in Europa, mit Rücksicht auf das bedrohte Leben des Patienten, als ganz selbstverständlich vorgenommen wird. Sonst heißt es bis in die fernsten Gegenden, der Doktor zu Lambarene schneide den Leuten Arme und Beine ab, was gar viele abschrecken würde, hier Hilfe zu suchen.*

Bisher habe ich es nicht zu bereuen gehabt, nach dem Rufe des Doktors, der die Arme und Füße an ihrer Stelle läßt, zu trachten. Dies verdanke ich dem Methylviolett ... Eine zerrissene Wunde wird ... mit Gaze ausgelegt, die eben in wässerige Methylviolettlösung getaucht wurde. Diese Gaze wird dann ... stetig feucht erhalten ... Methylviolett hat den großen Vorzug, daß es nicht reizt. Im Gegenteil, es wirkt ausgesprochen schmerzstillend ... Wie die Wirkung zu erklären ist und ob darüber schon Versuche angestellt sind, weiß ich nicht.

Doktor Lauterburg aus Bern, der dritte Lambarene-Arzt (seit 1925), ist von den Resultaten unseres Verfahrens in Fällen, wo die Amputation geboten schien, ganz überrascht. Am überzeugendsten treten sie ihm bei einem offenen, infizierten Unterschenkelbruch entgegen, der uns mit beginnender Gasphlegmone eingeliefert wird.

Durch die im Spital zu Lambarene von jeher geübte Zurückhaltung im Amputieren ist es nun so gekommen, daß unser Ruf durch ... unvermeidliche Amputationen nicht mehr gefährdet werden kann. Es geschieht jetzt, daß Schwarze von selber um die Amputation bitten. (Abschnitt *Winter und Frühling 1925*.)[183]

Mitunter wurde die Bestätigung für das rätselhafte Gelingen einer unkonventionellen Methode experimentell nachgereicht. *Von jener hatte ich die unaufgeklärten Fälle von Dysenterie in Anlehnung an die Choleratherapie mit in Wasser gelöster weißer Tonerde behandelt und dabei gute*

Erfolge gesehen. In Laboratoriumskulturen entdeckte Dr. Trensz, Lambarene-Arzt 1926/27, *warum mit dieser Behandlung etwas erreicht wurde.* Es handelte sich in solchen unklaren Fällen um eine Cholerine, hervorgerufen durch einen Paracholeravibrio. Daher hatte die auf gut Glück angewendete Choleratherapie dem Kranken genützt. (Abschnitt *Das Jahr 1926.*)[184]

Bei dem folgenden Textstück, das die Beispiele abschließen soll, geht es nicht um die handwerkliche Seite. Hier läßt der Autor von *Wasser und Urwald* seine Leser beiläufig und indirekt erkennen, warum er im Opfer Frieden gefunden und warum er grundsätzlich nie gezweifelt hat, daß sein Entschluß von 1904/05 richtig gewesen sei.

Wie meine Gefühle beschreiben, wenn solch ein Armer gebracht wird! Ich bin ja der einzige, der hier helfen kann, auf Hunderte von Kilometern . . . Ich rede nicht davon, daß ich ihm das Leben retten kann. Sterben müssen wir alle. Aber daß ich die Tage der Qual von ihm nehmen darf, das ist es, was ich als die große, immer neue Gnade empfinde. Der Schmerz ist ein furchtbarerer Herr als der Tod.

So lege ich dem jammernden Menschen die Hand auf die Stirne und sage ihm: «Sei ruhig. In einer Stunde wirst du schlafen, und wenn du wieder erwachst, ist kein Schmerz mehr.» Darauf bekommt er eine subkutane Injektion von Pantopon . . .

Die Operation ist vorüber. Unter der dunklen Schlafbaracke überwache ich das Aufwachen des Patienten. Kaum ist er bei Besinnung, so schaut er erstaunt umher und wiederholt fort und fort: «Ich habe ja nicht mehr weh, ich habe ja nicht mehr weh!» Seine Hand sucht die meine und will sie nicht mehr loslassen. Dann fange ich an, ihm und denen, die dabeisitzen, zu erzählen, daß es der Herr Jesus ist, der dem Doktor und seiner Frau geboten hat, hier an den Ogowe zu kommen und daß weiße Menschen in Europa uns die Mittel geben, um hier für die Kranken zu leben . . . Durch die Kaffeesträucher hindurch scheint die afrikanische Sonne in die dunkle Hütte. Wir aber, Schwarz und Weiß, sitzen untereinander und erleben es: «Ihr aber seid alle Brüder.» Ach, könnten die gebenden Freunde in Europa in einer solchen Stunde dabeisein! . . . (Abschnitt *Januar bis Juni 1914.*)[185]

Neben dem ergreifenden Erleben der Freude bei den Patienten, daß der Schmerz, das Leiden, zusammengefaßt unter dem Sammelbegriff des bösen «Wurm», verschwunden war; neben ihrer Verblüffung, daß der Doktor *die Kranken* mit seiner Narkosespritze *zuerst tötet, dann heilt, nachher . . . wieder aufweckt*[186], neben allem Glücksgefühl, mit manchmal einfachen Mitteln Erstaunliches zu bewirken, stehen die Niederlagen gegen den Tod kontrastreich wie vom Sturm übriggelassene Baumstümpfe neben jungem Wuchs. Nie weicht daher der Tonfall der Bescheidenheit, der nüchternen Tatsachenwiedergabe, aus den tagebuchartigen Blättern – auch da nicht, wo Grund besteht, stolz zu sein.

Eingeborene beim Roden

Da wird ein Vergifteter eingeliefert, und die europäische Medizin ist gegen die tückischen Kräuter machtlos; bei einem schweren Fall von Sonnenstich verhält es sich ebenso; ein Rencontre mit einem Elefanten hat Verletzungen zur Folge, an denen die Heilkunst versagt; ein Schlafkranker wird zu spät gebracht, und nichts mehr hilft. Am schlimmsten war die Hilflosigkeit, als 1925 im Gefolge einer Hungersnot im Lande Dysenterie ausbrach und die Patienten wegen zu großer räumlicher Enge nicht ausreichend isoliert werden konnten. Die Katastrophe führte zum Entschluß, Andende, wo 1924 erneut begonnen worden war, zu verlassen und auf weiträumigerem Grund stromauf, etwas näher dem Ort

Lambarene, erneut zu beginnen – zum drittenmal. Hier steht das heutige Spital.

Mit den übernommenen architektonischen Empfehlungen von Missionaren, mit anerzogener Systematik und Disziplin, mit ausgeprägtem Geschick für das Zweckmäßige und dem zupackenden praktischen Verstand des Dorfkindes hat der Tropendoktor zusätzlich all das mit eigener Hand oder ständiger Aufsicht geleistet, womit ein Kollege in einer arbeitsteiligen Gesellschaft nicht einmal im Traum behelligt wird. Vom Bauplatz im Spätherbst 1925 gibt es eine Schilderung, die mit Humor die Widrigkeiten überspielt.

Ein Tag da oben verläuft wie eine Symphonie. Lento: Verdrossen empfangen die Leute die Äxte und Buschmesser, die ich ihnen beim Landen austeile. Im Schneckentempo geht es an die Stelle, wo Gebüsch und Bäume niedergelegt werden sollen. Endlich steht jeder an seinem Platze . . . Moderato: Äxte und Buschmesser laufen in überaus mäßigem Takte. Vergebens versucht der Dirigent, das Tempo zu beschleunigen. Die Mittagspause macht dem langweiligen Stück ein Ende. – Adagio: Mit Mühe habe ich die Leute wieder auf die Arbeitsstelle im dumpfen Urwald gebracht. Kein Lüftchen regt sich. Von Zeit zu Zeit hört man einen Axtstreich. – Scherzo: Einige Späße, zu denen ich mich in der Verzweiflung aufraffe, gelingen mir. Die Stimmung belebt sich. Lustige Worte fliegen hin und her. Einige Leute fangen an zu singen . . . – Finale: Die

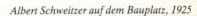

Albert Schweitzer auf dem Bauplatz, 1925

Lustigkeit hat alle erfaßt. Dem bösen Wald, um dessentwillen sie hier stehen müssen, statt ruhig im Spitale sitzen zu dürfen, soll es übel gehen. Wilde Verwünschungen werden gegen ihn laut. Johlend und kreischend geht man ihm zu Leibe. Äxte und Buschmesser hämmern um die Wette. Jetzt aber darf kein Vogel auffliegen, kein Eichhörnchen darf sich zeigen, keine Frage darf gestellt werden, kein Befehl darf ergehen. Bei der geringsten Ablenkung wäre der Zauber aus . . . Die Leute würden sich über das Gesehene oder Gehörte bereden und wären nicht mehr in Gang zu bringen.

Zum Glück kommt keine Ablenkung. Das Toben geht weiter. Wenn dieses Finale nur eine gute halbe Stunde anhält, war der Tag nicht verloren. Und es hält an, bis ich «Amani! Amani!» (Genug! Genug!) rufe und der Arbeit für heute ein Ende setze.[187]

Da Gebäude für menschenwürdiges Unterkommen errichtet werden mußten, solider als die Wegwerfbehausungen einer Von-der-Hand-in-

Spitalgottesdienst

den-Mund-Kultur, und Obstplantagen angelegt, wurde Lambarene ganz von selber für zahllose Gabonesen zum Proseminar der Zivilisation. Sie lernten mit Werkzeugen umgehen, gewöhnten sich an bestimmte Arbeitsabläufe und Arbeitszeiten, sahen, wie unter den Händen Sinnvolles entstand und wurden ganz beiläufig, wenn beim Pfahlsetzen eine Kröte im Loch saß, mit angewandter *Ehrfurcht vor dem Leben* bekannt gemacht. Für Schweitzers erzieherische Grundanlage, für seine «*Schulmeisterseele*», wie er im Hinblick auf einen Stammbaum von Lehrern manchmal halbernst betonte, war all das ein nicht unwichtiger Nebenaspekt seiner ärztlichen Funktion. Daß er die vorgelebte Sittlichkeit religiös abstützte und jahrzehntelang sonntags predigte, war bei diesem immer auf Allseitigkeit gerichteten Geist eine natürliche weitere Zutat zu seiner ganz spezifischen «Mission». Es läßt sich nur ahnen, nicht statistisch belegen, wie viele Impulse von der «Idee Lambarene» im Ganzen, nicht unbedingt von mancher umstrittenen Einzelheit, auf die moderne

Entwicklungshilfe, vornehmlich die kirchliche, übergesprungen sind. Darüber hinaus wurden eine Reihe Krankenhäuser der Dritten Welt nach Schweitzer benannt.

Wer den Mediziner Schweitzer beurteilen will, muß im Kontext mitlesen, was an außermedizinischer Energie, Geduld und Fertigkeit aufzubringen war, um aus dem völligen Nichts die Stätte zu schaffen, die dann weltweiten Symbolwert bekam. Insofern war die Frage nach der ärztlichen Versorgung eigentlich mit einer verengten Linse gestellt; sie verlangt ein Weitwinkelobjektiv. Gleichwohl: Es ist hinreichend klar geworden, daß der Arzt Schweitzer, ganz für sich gesehen, seinen Stand zwischen Wasser und Urwald würdig vertreten hat. Flüchtige Augen, die, über äußerer Primitivität und Unhygiene, seine Urwaldmedizin mit «Buschmedizin» gleichsetzten, sahen an den Realitäten vorbei. Wer die Quellen unbefangen auf sich wirken läßt, braucht keine Verstärkung von seiten der Sekundärliteratur. Dennoch ist es ganz informativ, hin und wieder einen Blick hineinzuwerfen. Gute Branchenkenner bestätigen und bereichern das bisherige Bild.

«Neben der ausgiebigen chirurgischen Arbeit», bemerkt Hermann Mai, bis Anfang der siebziger Jahre Professor für Kinderheilkunde in Münster, «hat er im höchst einfachen Laboratorium des Urwalds mikrobiologische Erfolge erarbeitet, die damals [um 1925] in keinem europäischen Landkrankenhaus üblich waren, sondern zu den Zielen wissenschaftlicher Forschung gehörten . . . Ich halte den Hinweis für notwendig, daß in solchen Leistungen das Mittelmaß ärztlicher Arbeit bei weitem überschritten ist.»[188] Rolf Müller, vier Jahre lang Chefarzt im Ogowe-Spital, veranschaulicht den technischen Stand der Spätzeit, 1963: «. . . Eine kurze Aufstellung soll zeigen, wie schlecht manche Kritiker orientiert sind: Vier Generatoren bürgen dafür, daß wir . . . während der Arbeitszeit stets mit elektrischer Energie versorgt sind. Das Labor ist ausgerüstet mit einem elektrischen Photometer, einer elektrischen Zentrifuge, Kühlschrank, Wärmeschrank sowie verschiedenen Mikroskopen (einschließlich Phasenkontrast und Dunkelfeld). Zur Röntgendiagnostik steht in einem airkonditionierten Raum eine leistungsfähige stationäre Anlage zur Verfügung, während ein tragbares Gerät zu Aufnahmen am Krankenbett dient . . . Weitere diagnostische Hilfsmittel: EKG, Zystoskop, Ösophasoskop, Gastroskop, Gefrierschnittmikrotom. Die Zahnklinik ist mit einer elektrischen Bohrmaschine, mit Preßluft und Aspirator ausgerüstet.»[189]

Daß das trotzige Menschenwerk unter dem Kreuz des Südens allen Fährnissen widerstand, verdankte es lange allein einer außergewöhnlichen Einzelpersönlichkeit. Dann zwang das Zentralgestirn Satelliten in seine Gravitation, wenige zunächst, dann immer mehr. Das Gedächtnis keines Mitlebenden zählt mehr auf, wer sie alle waren, die Jahre und Jahrzehnte, mitunter das Leben, für den Dienst am schwarzen Lazarus gegeben haben: von der Ehefrau und dem «ersten Heilgehilfen», wie Joseph es sich gleichsam patentieren ließ, bis zum heutigen Mitarbeiterstab eines expandierenden Musterbetriebs der Krankenhilfe in der Dritten Welt. 1975 totgesagt, stieg Lambarene wie Phönix aus der Asche der Nekrologe, paßt sich Zwängen des Fortschritts an, wahrt jedoch Prinzipien, die heimisch geworden sind, hält am Markenzeichen des Krankendorfes fest; wirkt fort in dem Sinne, den sein Gründer 1920 zum Programm erhob:

Wir müssen Ärzte haben, die freiwillig unter die Farbigen gehen und . . . das schwere Leben unter dem gefährlichen Klima und alles, was mit dem Fernsein von Heimat und Zivilisation gegeben ist, auf sich nehmen. Aus Erfahrung kann ich ihnen sagen, daß sie für alles, was sie aufgegeben haben, reichen Lohn in dem Guten, was sie tun können, finden werden.[190]

Auch dem überzeugtesten Einsatz bleiben Momente der Anfechtung nicht erspart. *Eines Tages, in der Verzweiflung über Leute, die eben wieder unreines Wasser geschöpft haben, lasse ich mich . . . auf einen Stuhl fallen und stöhne: «Was bin ich doch für ein Dummkopf, daß ich der Doktor solcher Wilden geworden bin!» Mild läßt sich Joseph vernehmen: «Ja, auf Erden bist du ein großer Dummkopf, aber nicht im Himmel.»*[191]

Das eiserne Tor

Als der deutsche Staatsbürger in französischem Kolonialgebiet Leiden linderte unter der «unsichtbaren Flagge» der Humanitas, tat er es in ihrem übernationalen Geist. Bei Kriegsbeginn 1914 wurde er im Gabon gleichwohl zum «feindlichen Ausländer» erklärt. Das war die Dialektik der Staatsraison.

Die Zwangspause bis zum unentbehrlichen Weiterpraktizieren wurde zur Wiederaufnahme der *Kulturphilosphie* genutzt. Ihr gehörte auch alle weitere freie Zeit. Als Erkenntnismittelpunkt fand sich ein Jahr später die Formel *Ehrfurcht vor dem Leben*. So bewirkte die Katastrophe aufbauende Kulturarbeit. Das war die List der Vernunft.

So hegelianisch wie der Rahmen ist der Inhalt nicht. Man könnte ihn eher als Mischung aus Schopenhauer und Nietzsche bezeichnen, wenn auch als abwehrbetontes Kontrastprogramm. Schopenhauers Begriffe «Wille zum Leben» und «Selbstentzweiung des Willens zum Leben» werden Schweitzers Denkkategorien, ebenso die – längst selber gelebte – mitleidvolle Achtung vor aller Kreatur. Aber an der Wegkreuzung, an der Schopenhauer in die Lebensverneinung abbiegt, verläßt der Nachfolger ihn, enttäuscht zugleich, daß der genußfreudige Denker anders lebte als lehrte und somit unglaubwürdig wird. Nietzsches trotzige Lebensbejahung ist da von anderem Schrot. Der junge Bewunderer seiner gnadenlosen Abrechnung mit dem Hohlen und Halben der Kultur und der philosophischen Ethik folgt ihm in einem gehärteten Ja zum Leben, das zuvor durch Schopenhauers leidende Resignation hindurchgegangen ist. Aber auch hier trennen sich die Wege. Eine Philosophie, die Mitleid als Schwäche verhöhnt und den Lebenswillen konsequent bis zum Herrenmenschentum zu Ende zu denken gezwungen ist (wobei auch hier Leben und Lehre sich keineswegs deckten), kann nicht Vorbild eines anderen sein, den der Überschuß an Lebenskraft geradezu zum Pflichtgedanken des Beistands ruft.

Nietzsche, viel mehr als Schopenhauer, wurde für den wachen Leser in Straßburg ungeachtet begrifflicher Adoptionen zur sittlichen Herausforderung. Dabei war dieser gleichzeitig dankbar für die unerbittliche Wahrhaftigkeit des *Gedankenaufwühlers*, dessen *leidenschaftliche*

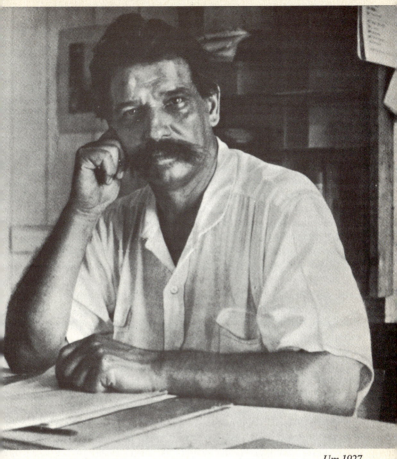

Um 1927

Schriften wie ein Frühlingsföhn aus hohen Bergen in die Niederungen des Denkens des ausgehenden neunzehnten Jahrhunderts herunterstürmten[192]. Der Ausruf von den «Epigonen» im Hause Curtius 1899 wäre vielleicht nicht zur Flamme im feuergefährlichen geistigen Haushalt des Zuhörers geworden, hätte nicht Nietzsche vorher die Lunte gelegt.

Seitdem sann Schweitzer über Ursachen und Folgen der ethischen Erschlaffung nach. Und *jetzt wütete der Krieg als das Ergebnis des Niedergangs der Kultur. Eigentlich hatte «Wir Epigonen» nun keinen Sinn mehr. Das Werk war als eine Kritik der Kultur gedacht. Es wollte den Kulturniedergang feststellen und auf seine Gefahren aufmerksam machen. War die Katastrophe aber bereits eingetreten, wozu noch Betrach-*

tungen über die zutage liegenden Gründe? . . . Warum sich damit begnügen, uns als Epigonen zu analysieren? Warum nicht auch aufbauende Arbeit?[193]

Sie beginnt mit der Frage, was Kultur sei, und kommt zu dieser Definition: *Als das Wesentliche der Kultur ist die ethische Vollendung der einzelnen wie der Gesellschaft anzusehen. Zugleich aber hat jeder geistige und jeder materielle Fortschritt Kulturbedeutung. Der Wille zur Kultur ist also universeller Fortschrittswille, der sich des Ethischen als des höchsten Wertes bewußt ist.*[194] Wie der ethische Fortschrittswille sich in der abendländischen Geschichte verwirklicht hatte und warum er abhanden gekommen war, das sah Albert Schweitzer, komprimiert wiedergegeben, so:

Im 16. und 17. Jahrhundert erlöst die *Weltbejahung . . . die die Renaissance dem europäischen Denken hinterlassen hatte*[195], das Christentum aus seiner latenten Endzeiterwartung und Weltabkehr. Zugleich entdeckt das Christentum, zuerst durch Erasmus, den ethischen Stoizismus der Antike wieder. Christentum und Philosophie durchdringen einander bald in einem neuen Weltgefühl. Die Ehe von Fortschrittsglauben und philosophisch-christlicher Moral wird kulturell äußerst fruchtbar. *Christliche und philosophische Ethik* werden *von einem enthusiastischen Tätigkeitsdrang erfaßt . . . Dies führt sie dazu, daß sie sich gegen weitere Duldung von schreiender Ungerechtigkeit, Grausamkeit und unheilvollem Aberglauben auflehnen. Die Folterung wurde abgeschafft, dem Elend der Hexenprozesse wurde ein Ende gesetzt. Unmenschliche Gesetze mußten anderen, humaneren, Platz machen. Ein in der Geschichte . . . einmaliges Reformwerk wurde . . . durchgeführt.*[196] So gewinnt im 18. Jahrhundert die Königin der Wissenschaften Macht über die Tatsachen. Sie behält sie nicht, sie dankt ab, nachdem der Versuch der spekulativen Philosophie mißlungen ist, *eine . . . optimistisch-ethische Totalweltanschauung . . . durch logische und erkenntnistheoretische Erwägungen über das Sein . . . zu begründen*[197]. Die inzwischen erstarkten Naturwissenschaften lassen sich von den begrifflichen Illusionen nicht lange täuschen, dann schlagen sie *mit plebejischer Begeisterung für die Wahrheit der Wirklichkeit die von der Phantasie geschaffenen Prachtbauten in Trümmer. Obdachlos und arm irren seither die ethischen Vernunftideen, auf denen die Kultur beruht, in der Welt umher.*[198]

Wie konnte es geschehen, fragt Schweitzer, *daß die neuzeitliche Weltanschauung der Welt- und Lebensbejahung sich aus einer ursprünglichen ethischen in eine nicht-ethische verwandelte*, so *daß nun die europäische Menschheit von einem Fortschrittsglauben geleitet* werde, *der veräußerlicht ist und die Orientierung verloren hat*[199]? Seine Antwort: *Dies ist nur so erklärlich, daß sie,* die ethische Weltanschauung, *nicht wirklich im Denken begründet war. Das Denken, in dem sie entstand, war edel und enthusiastisch, aber nicht tief . . . Alles in der Folge aufkommende Denken über die Probleme der Ethik und des Verhältnisses des Menschen zur*

Welt – und hier hat er vornehmlich Nietzsche im Sinn – *konnte nicht anders, als die Schwächen dieser Weltanschauung an den Tag bringen und damit zu ihrem Zerfall beitragen.*²⁰⁰

Der Hausarzt am Krankenbett der Kultur glaubte klar zu sehen: Die Philosophie, weil schuldig am Kulturniedergang, müsse mit vertieften Wertmaßstäben, beständigeren Normen ausgestattet werden, um von neuem kulturmächtig sein zu können. Der Rationalismus war nur unzulänglich ausgerüstet, als Auftrag bestand er fort. Vor diesem gedanklichen Hintergrund vollzog sich eine denkwürdige Geistestat in der tropischen Einsamkeit. Ein Mensch des 20. Jahrhunderts schrieb den Epilog zum 18. Jahrhundert – für seine Zeit.²⁰¹

Zunächst ging es ihm aber wie dem Bruder des Ali Baba in der Räuberhöhle, nachdem ihm das Zauberwort entfallen war. Er *irrte in einem Dickicht von Begriffen umher, in dem kein Weg zu finden war, stemmte sich gegen eine eiserne Tür, die nicht nachgab. Alles, was ich aus der Philosophie über Ethik wußte, ließ mich im Stich. Die Vorstellungen vom Guten, die sie ausgebildet hatte, waren alle so unlebendig, so unelementar, so eng und so inhaltlos, daß sie mit Welt- und Lebensbejahung gar nicht zusammenzubringen waren . . .*

*Zu meiner Überraschung mußte ich also feststellen, daß die Zentralprovinz der Philosophie, in die mich das Nachdenken über Kultur und Weltanschauung geführt hatte, eigentlich unerforschtes Land war. Bald von diesem, bald von jenem Punkte aus versuchte ich, ins Innere vorzudringen. Immer wieder mußte ich es aufgeben . . . Wohl sah ich die Erkenntnis, um die es sich handelte, vor mir. Aber ich konnte sie nicht fassen und aussprechen.*²⁰²

Wer in urweltlicher Flußlandschaft Philosophie betreibt, müßte schon ein sehr naturferner Metaphysiker sein, wenn die übermächtige, aufdringliche Vegetation seine Sinne nicht an sich fesseln kann. Bei diesem Denker war der Bezug zu der ihn umgebenden Wirklichkeit sogar dreifach geknüpft: weil er von Haus aus naturverbunden war, weil er das geistige Erlebnis naturwissenschaftlichen Beweiszwanges kannte und weil er gerade aus der Sackgasse des spekulativen Denkens zurückgekehrt war. *Die letzte Einsicht des Erkennens ist . . . daß die Welt uns eine in jeder Hinsicht rätselhafte Erscheinung des universellen Willens zum Leben ist. Ich glaube der erste im abendländischen Denken zu sein, der dieses niederschmetternde Ergebnis des Erkennens anzuerkennen wagt und in bezug auf unser Wissen von der Welt absolut skeptisch ist, ohne damit zugleich auf Welt- und Lebensbejahung und Ehtik zu verzichten.*²⁰³

1915 waren diese Sätze noch nicht geschrieben, ihre Bestandteile aber geistig beisammen. Somit war der suchende Geist disponiert, ein Grundgesetz des Guten eher aus dem Naturerkennen abzuleiten, ohne Hochseilakrobatik in der philosophischen Spekulation. Im dreizehnten Kapitel der Lebenserinnerungen erfahren wir, wie die geistige Spannung sich im September 1915 löste. Ein Zufallsereignis verhalf dazu. Eine Missionsfrau war erkrankt, in N'Gomo, flußabwärts von Lambarene. Da die Schweitzers gerade am Meer waren, Helenes Gesundheit wegen, ging die Fahrt zum Krankenbesuch also in umgekehrter Richtung, stromauf.

Als einzige Fahrgelegenheit fand ich einen . . . kleinen Dampfer, der einen überladenen Schleppkahn mit sich führte. Außer mir waren nur Schwarze, unter ihnen Emil Ogouma, mein Freund aus Lambarene, an Bord. Da ich mich in der Eile nicht hatte genügend verproviantieren können, ließen sie mich aus ihrem Kochtopf mitessen.

Langsam krochen wir den Strom hinauf, uns mühsam zwischen den Sandbänken – es war trockene Jahreszeit – hindurchtastend. Geistesabwesend saß ich auf dem Deck des Schleppkahnes, um den elementaren und universellen Begriff des Ethischen ringend, den ich in keiner Philosophie gefunden hatte. Blatt um Blatt beschrieb ich mit unzusammenhängenden Sätzen, nur um auf das Problem konzentriert zu bleiben. Am Abend des dritten Tages, als wir bei Sonnenuntergang gerade durch eine Herde Nilpferde hindurchfuhren, stand urplötzlich, von mir nicht geahnt und nicht gesucht, das Wort «Ehrfurcht vor dem Leben» vor mir. Das eiserne Tor hatte nachgegeben; der Pfad im Dickicht war sichtbar geworden. Nun war ich zu der Idee vorgedrungen, in der Welt- und Lebensbejahung und Ethik miteinander enthalten sind! Nun wußte ich, daß die Weltanschauung ethischer Welt- und Lebensbejahung samt ihren Kulturidealen im Denken begründet ist.[204]

Werner Picht, dessen intellektuelle Kritik in seiner profunden Schweitzer-Deutung auf menschlicher und geistiger Ehrerbietung beruht, möchte zunächst «diese berühmt gewordene Schilderung einer Inspiration mit der Ehrfurcht auf uns wirken» sehen, «die ihr gebührt. Jene abendliche Stunde zwischen Wasser und Urwald ist tatsächlich die Geburtsstunde des Begriffs des Ethischen, dem die ethische Verkündigung Schweitzers ihre Verbreitung verdankt.»[205] Wer bis hierher gefolgt ist, findet den Vorgang der Aneignung vertraut. In der Manöverpause im Dorf Guggenheim vor 21 Jahren, 1894, ging es weniger bohrend und grübelnd zu, aber im Zugriff des plötzlichen Erkennens doch ebenso und gleichermaßen beim «Damaskus» in der Stuttgarter Liederhalle. Das Ogowe-Erlebnis ist wie ein Nachschlüssel, der auch in die theologische und musische Schatzkammer paßt. Wieder triumphierte Schweitzers Wurzelbehandlung, das intuitive Vermögen, den Nerv eines Problems freizulegen, zu grundsätzlichen Lösungen zu kommen, ehe der ganze Sachkomplex durchdrungen war.

Darum bemühte er sich nach dem abendlichen Überfall, der das *eiserne Tor* gesprengt hatte. Aus dem Schlüsselwort wuchs die *Kulturphilosophie*. Die *Ehrfurcht vor dem Leben* ist zum Schlagwort geworden, das seinen Urheber kaum mehr kennt. Selbst da, wo die Herkunft nicht ver-

«Die drei Inseln des Ogowe vor dem Dorf Igendja, 80 Kilometer stromab von Lambarene, angesichts derer mir an einem Septembertag 1915 der Begriff ‹Ehrfurcht vor dem Leben› aufging»

gessen ist, steht es meist isoliert und beziehungslos. *Es ist wahr, daß kein einziger Satz aus meiner eigenen Gedankenwelt meine ganze Philosophie so klar ausdrückt wie das Wort Ehrfurcht vor dem Leben. Aber diese Worte sind mit einer langen Gedankenkette verknüpft. Jedenfalls wäre es mir lieber, wenn die Menschen Einblick in den Sinn meines Werks als Ganzes gewönnen.*[206]

Die Gedankenkette liegt nun bis zum Mittelstück vor. Daran knüpft sich das Anschlußteil: *Was ist Ehrfurcht vor dem Leben, und wie entsteht sie in uns?*[207] Zum fünftenmal ging Schweitzer den gleichen methodischen, den aristotelischen Weg: Nachdem er alle älteren Lösungsversuche von Bedeutung vorgestellt hatte, fügte er die eigene neue oder bestätigende, verwerfende oder modifzierende Sichtweise daran an. So war die *Geschichte der Leben-Jesu-Forschung* entstanden, so die – weit schmächtigere – *Geschichte der Paulinischen Forschung* (1911) als Vorarbeit zur *Mystik des Apostels Paulus* (1930); so die medizinische Dissertation. Bei *J. S. Bach* wird das gleiche Verfahren von einer andersartigen Gestaltung äußerlich überdeckt. Beim fünften Versuch reichte der Atem nicht, das Neue, Eigene so ausführlich darzustellen wie geplant. Als eine Fünfundvierzig-Seiten-Skizze steht es am Ende der zweibändigen *Kulturphilosophie* – und kurz zusammengefaßt in vielen anderen Schriften. Der dritte und vierte Band liegen nur in Entwürfen vor. Der Tagesanspruch hat verhindert, daß ein Ganzes aus dem geworden ist, das dem Überbeschäftigten vor allem anderen am Herzen lag.

Die fundamentale Tatsache des Bewußtseins des Menschen lautet: «Ich bin Leben, das leben will, inmitten von Leben, das leben will.» Der denkend gewordene Mensch erlebt die Nötigung, allem Willen zum Leben die gleiche Ehrfurcht vor dem Leben entgegenzubringen wie dem seinen. Er erlebt das andere Leben in dem seinen. Als gut gilt ihm, Leben erhalten, Leben fördern, entwickelbares Leben auf seinen höchsten Wert bringen. Als böse: Leben vernichten, Leben schädigen, entwickelbares Leben niederhalten. Dies ist das denknotwendige, universelle, absolute Grundprinzip des Ethischen.

Die bisherige Ethik ist unvollkommen, weil sie es nur mit dem Verhalten der Menschen zum Menschen zu tun zu haben glaubte. In Wirklichkeit aber handelt es sich darum, wie der Mensch sich zu allem Leben, in seinem Bereich befindlichen Leben, verhält. Ethisch ist er nur, wenn ihm das Leben als solches heilig ist, das der Menschen und das aller Kreatur.

Nur die Ethik des Erlebens der ins Grenzenlose erweiterten Verantwortung gegen alles, was lebt, läßt sich im Denken begründen. Die Ethik des Verhaltens von Mensch zu Mensch ist nicht etwas für sich, sondern etwas, das sich aus jenem Allgemeinen ergibt. Die Ehrfurcht vor dem Leben, zu der wir Menschen gelangen müssen, begreift also alles in sich, was als Liebe, Hingebung, Mitleiden, Mitfreude, Mitstreben in Betracht kommen kann. Wir müssen uns von dem gedankenlosen Dahinleben frei machen.

Nun aber sind wir alle dem rätselhaften und grausigen Schicksal unterworfen, in die Lage zu kommen, unser Leben nur auf Kosten andern Lebens erhalten zu können und durch Schädigen, ja auch durch Vernichtung von Leben, fort und fort schuldig zu werden. Als ethische Wesen versuchen wir fort und fort, dieser Notwendigkeit, soweit es uns möglich ist, zu entrinnen. Wir dürsten danach, Humanität bewahren zu dürfen und Erlösung von Leiden bringen zu können.[208]

Ehrfurcht vor dem Leben ist die Konsequenz unseres Nichtwissens um den Sinn der Welt. Denn wer von uns wisse denn, fragt Schweitzer, welche Bedeutung das andere Lebewesen an sich und im Weltganzen besitze. Schöpfungspartnerschaft ist daher die sittliche Haltung, die jenseits der Wissensgrenze beginnt.

Das Gedankensystem mit seiner Wachstumsphase von 1900 bis 1915, seiner Ausarbeitung bis zur Veröffentlichung 1923 und der Fortentwicklung (bei unveränderten Grundeinsichten) in immer neuem Anpacken bis ins höchste Alter steht wie ein Alternativ-Angebot neben der Jesus-Mystik. Die *Ehrfurcht vor dem Leben* tritt neben die *Willensgemeinschaft* mit Jesus – beide im *Hoffen und Wollen einer ethischen Weltvollendung*. Ein so starkes sittliches Bekenntnis wie die Jesus-Mystik: genügte es dem kulturellen Aufbauwillen nicht mehr? Oder warum wird der zeitlos elementare Epilog von Berufung und Nachfolge zu verstandesmäßiger Systematik abstrahiert? Picht erklärt es so: «Das zentrale geistige Anliegen ist Theologie. Das ethische Philosophieren setzt ein, wo diese im Stich läßt.»[209] Der erste Satz überzeugt weniger, weil Schweitzer der Philosophie bei sich Vorrang gegeben hat und darin kaum zu widerlegen ist. Den zweiten bestätigen Predigtworte von 1919:

Wir wollen das Grundwesen des Sittlichen begreifen und aus diesen wie aus einem obersten Gesetz alles sittliche Handeln ableiten. Ja, aber ist an der Sittlichkeit überhaupt etwas zu begreifen? Ist sie nicht Herzenssache? Beruht sie nicht in der Liebe? Das hat man uns zweitausend Jahre wiederholt – und was ist das Resultat?

Betrachten wir die Gesamtheit der Menschen um uns herum und die Einzelnen, warum sind sie in vielem so haltlos? Warum sind sie fähig, auch die frömmsten unter ihnen und oft gerade diese, sich durch Vorurteile und Volksleidenschaften zu einem Urteilen und Handeln hinreißen zu lassen, das gar nichts Sittliches mehr hat? Weil es ihnen an einer . . . logisch begründeten Sittlichkeit fehlt.[210]

Die fand er eben nicht im Evangelium (ungeachtet seiner Überzeugung, daß die Gebote Jesu das Höchste seien und bleiben), welches überdies den Schutz der Kreatur mehr beiläufig, nicht mit Betonung und Konsequenz vertritt. Zudem werden der Nichtchrist und der Apostat von ihm gar nicht erreicht. So ergibt sich bei genauem Hinschauen ein In- und Nebeneinander des Gottsuchers und des Rationalisten Schweitzer. Der zweite ist dem ersten nicht untreu geworden, er holt nur philosophische Ersatztruppen zur Stabilisierung der religiösen Front. Denn:
Mein Werk sehe ich darin, das Religiöse nicht weiterhin als einen Enthusiasmus, der einigen verliehen, anderen nicht verliehen ist, gelten zu lassen, sondern den Weg vom Denken zur Religion zu bahnen . . . Die Ethik der Ehrfurcht vor dem Leben ist nichts anderes als das große Gebot der Liebe Jesu, vom Wege des Denkens aus erreicht (1931).[211]

Also doch Primat der Theologie? Schweitzers Wahrheit ist nicht so unbedingt. Das Gesetz seiner Mitte ist Ethik, vor aller Wissenschaft, vor aller Religion. In der Person Jesu findet er dann dafür, noch ganz unreflektiert, den historischen Orientierungspunkt. Dem religiös abgestützten ethischen Betätigungswillen wird erst theologisch, dann philosophisch Ausdruck gegeben. Aber die Erkenntnis will auch bei der rationalistischen Konkurrenz, will überhaupt in keiner Fachzunft stehen bleiben. Sie will aus der erforschten *Zentralprovinz der Philosophie* unter Mitnahme aller Fundstücke zurück ins vorwissenschaftliche Kulturland eines nun ethisch fundierteren Jüngertums. Schweitzer weiß natürlich, daß die Rückkehr ein langfristiges Zukunftsprogramm ist. In der zweiten Lebenshälfte dominiert daher eindeutig die religionsneutrale philosophische Argumentation. Wer also unbedingt ein Etikett aufkle-

ben will, sollte das des Philosophen nehmen, sofern er dessen rückwärtige Verbindungen zur ratiofreien Frömmigkeit im Blick behält. Der Grenzgänger selber hat sich treffend bezeichnet als einen, der *dem Denken ergeben* ist[212].

Wer so mit doppelter Staatsbürgerschaft die Reiche der Theologie und Philosophie bereist, fordert leicht die Fachgenossen beider Disziplinen heraus. So geschah es auch. Die Mehrzahl der Theologen kann er nicht überzeugen, weil sie in der *Ehrfurcht vor dem Leben* kein rationales höchstes Wertprinzip anzuerkennen bereit sind, für das obendrein Jesus Christus nachträglich reklamiert werden könne. Die Philosophen bestreiten, daß die Lehre *denknotwendig* sei. Von Anbeginn haben sie ihr Widersprüche und Unvereinbarkeiten unterstellt: ein in jedem Augenblick nur relativ anwendbares Prinzip werde unzulässig verabsolutiert; die *ins Grenzenlose erweiterte Verantwortung gegen alles, was lebt*, stehe mit der propagierten Ausbildung aller Fähigkeiten in unlösbarem Konflikt; da Töten zwingend sei, werde ungerechterweise vom Schuldigwerden gesprochen, denn Unausweichliches begründe keine Schuld; Wertunterschiede lehnt die *Ehrfurcht vor dem Leben* ab, obwohl immerfort gewertet und – für oder gegen – entschieden werden muß: damit lasse sie das Einzelgewissen im Stich; für die moralischen Nöte der Massengesellschaft gebe sie keine verbindlichen Maßstäbe her.

Die so urteilen, in vielem zu Recht, müssen zugleich anerkennen, daß keiner zuvor, nicht einmal Schopenhauer, mit solcher denkerischen Leidenschaft und so betroffen, so mitleidend, die Ethik auf die Tierwelt ausgedehnt hat. (Die Gedanken einiger Mitlebender gingen zur selben Zeit in dieselbe Richtung: Max Scheler, Hans Driesch.) Schweitzer verspottet die Fachphilosophen alter und neuer Zeit, indem er sie mit einer *Hausfrau* vergleicht, *die die Stube gescheuert hat* und nun *Sorge trägt, daß die Türe zu ist, damit ja der Hund nicht hereinkomme und das getane Werk durch die Spur seiner Pfoten entstelle; also wachen die europäischen Denker darüber, daß ihnen keine Tiere in der Ethik herumlaufen*[213]. *Ein so bedeutender Denker wie Wilhelm Wundt entstellt seine Ethik durch folgende Sätze:* «*Das einzige Objekt des Mitgefühls ist der Mensch . . . Die Tiere sind für uns Mitgeschöpfe . . . aber zum wahren Mitgefühl fehlt immer die Grundbedingung der inneren Einheit unseres Willens mit dem ihren.*» *Als Krönung dieser Weisheit stellt er zum Schlusse die Behauptung auf, daß von einer Mitfreude mit Tieren jedenfalls nicht die Rede sein könne, als hätte er nie einen durstigen Ochsen saufen sehen.*[214]

Wo irgendwie das Tier zum Dienst des Menschen gezwungen wird, muß jeder von uns mit den Leiden beschäftigt sein, die es um dessentwillen zu tragen hat. Keiner von uns darf ein Weh, für das die Verantwortung nicht zu tragen ist, geschehen lassen, soweit er es nur hindern kann. Keiner darf sich dabei beruhigen, daß er sich damit in Sachen mischen würde, die ihn nichts angehen. Keiner darf die Augen schließen und das Leiden, dessen Anblick er sich erspart, als nicht geschehen ansehen. Keiner mache sich die Last seiner Verantwortung leicht. Wenn so viel Mißhandlung der Kreatur vorkommt, wenn der Schrei der auf dem Eisenbahntransport verdurstenden Tiere ungehört verhallt, wenn in unseren Schlachthäusern so viel Rohheit waltet, wenn in unseren Küchen Tiere von ungeübten Händen qualvollen Tod empfangen, wenn Tiere durch unbarmherzige Menschen Unmögliches erdulden oder dem grausamen Spiele von Kindern ausgeliefert sind, tragen wir alle Schuld daran.[215]

Die Mängel in der Systematik der Kulturphilosophie von 1923 können nicht den «Aufschrei» überhören lassen, als welchen Karl Barth in moralischem Anerkennen die *Ehrfurcht vor dem Leben* bezeichnet hat.[216] Angesichts der «unermeßlichen Wirkung» dieser Verkündigung, schreibt Picht[217], hätten theologische und philosophische Bedenken[218] kein entscheidendes Gewicht – womit er auch die eigenen meint.

Wir müssen bei der Frage der Rezeption unterscheiden zwischen dem Lehrgebäude als ganzem und ihrem Kernbegriff. Was hier gelang, ist dort mißglückt. Der aufklärerische Enkel des aufklärerischen Großvaters Schillinger (*er hatte noch ganz den Geist des 18. Jahrhunderts an sich*[219]) wollte mit Philosophie die Welt erneuern, denn Ideen waren für ihn der Motor der Weltgeschichte, er war daher im philosophischen Sinne Idealist.[220] Einen Menschen seiner Grundanlage mußte es unwiderstehlich reizen, das Gelungene und Mißglückte der bewunderten Vergangenheit in der eigenen Ideenwerkstatt noch einmal ins reine zu schreiben. Da die Philosophie einmal kulturtragend gewesen war, sollte sie es von neuem werden – das Rüstzeug besaß sie ja nun.

Hier lag der Orientierungsfehler des großen Ethikers. Im 18. Jahrhundert erkannte er die relativ klar faßbare Kausalität von geistiger Einflußnahme und einzelverantwortlichem Handeln der Mächtigen. Es gab eine geschlossene Bildungsschicht, die gedankliche Erträge und Maximen in dauerndem Austausch filterte und wesentliche Vorarbeit dafür leistete, daß sie verwirklicht wurden. Sie vereinnahmte neues Denken und machte es zum Kulturinventar. In der vielzitierten pluralistischen Gesellschaft von heute sind nun aber an die Stelle der einstigen Ursachenzusammenhänge von geistigem Antrieb und nachvollziehendem Handeln die anonymen Entscheidungsprozesse vielschichtiger Größen getreten. Daß eine Geisteswissenschaft darin nicht mehr den Einfluß üben kann wie ehedem, liegt auf der Hand.

Schweitzer jedoch glaubte daran. Das gibt seiner kulturellen Missionsarbeit einen Zug von heroischem Anachronismus.

Wie kam der Irrtum zustande? Er sympathisierte nicht nur mit dem Zeitalter des Rationalismus. Er lebte dessen Denkeigenart, wie sich an seinem säkularisierten Weltvollendungsglauben nachweisen läßt, in veränderter Umwelt selbstverborgen fort. So hoch bewertete er die Philosophie noch immer, daß er sie unbefangen schuldig erklären konnte für die Katastrophen des 20. Jahrhunderts, gewillt, *da wieder anzuknüpfen, wo dem Vernunftdenken des 18. Jahrhunderts der Faden riß*[221].

Ganz anders als mit den Hindernissen gegenüber einem philosophischen System steht es mit der Aussendung nicht meßbarer ethischer Energien, konzentriert im Wort von der *Ehrfurcht vor dem Leben*. Seine leichte Faßlichkeit und sein Gefühlswert sichern ihm Aufnahme auch ohne rationalen Unterbau. Bald nach dem Tod des Wortschöpfers hat Hermann Baur in einer Übersicht nachgewiesen, wo überall der Begriff auf seiner Wanderung durch die Welt schon damals anzutreffen war.[222] *Es ist*, schrieb der Urheber selber schlicht und verstehend, als er 84 Jahre alt war, *in der Welt Sehnsucht nach einer Geistigkeit der Humanität vorhanden. Mir ist zuteil geworden, das Wort zu finden, das dieser Sehnsucht entgegenkommt, ein Dunkel erhellt.*[223] Soweit das Wort dem Schöpfungspartner Tier dienen soll, ist es ein tragischer Widerspruch,

Großvater Schillinger

daß mit der guten Placierung des Tieres im öffentlichen Bewußtsein (die Fernsehprogramme beweisen es) ein nie gekanntes Ausmaß von Tierquälerei aus Profitgier zusammenstößt. Für das, was sich in der Vivisektion abspielt, in den Legebatterien, beim Zugvogelmassaker, *tragen wir alle Schuld*.

Das Bemühen, mit nüchternem Enthusiasmus durch die sinnzwiespältige Schöpfung zu gehen (Baur[224]) und ihr standzuhalten, die Praxisnähe, das Hinüberschauen vom Schreibtisch auf die Realität mit ihren Zwängen, Widersprüchen, Forderungen an uns, die zugrunde liegende Einheit von Denken und Tat – das alles hebt Schweitzers Kulturbemühen von seinen Vorgängern ab. Gewiß, mit dem Rechenschieber der Logik geht die Gleichung nicht auf. Gerechter ist, ihn beiseite zu lassen. Was hier vorliegt, entzieht sich dem Maßstab der reinen Vernunft in eben dem Maße wie die Wirklichkeit selber. Schweitzers Wahrheit ist begrifflich anfechtbar, aber sie ist wirklich: darin, daß sie Gegensätze annimmt und mit ihnen lebt. Er wollte nicht als Schutzpatron jeder Kakerlake mißverstanden sein. Aber er wurde in seinem Kampf gegen die Gedankenlosigkeit nicht müde, auf den entscheidenden Unterschied zwischen «blinder» Natur und dem gewissen- und vernunftbegabten homo sapiens zu verweisen. Diesem sei möglich, den Willen zum Leben zu steuern und vor jedem Töten oder Sterbenlassen verantwortungsvoll zu wägen: ist es vermeidbar oder nicht?

Kommt er an einem Insekt vorbei, das in einen Tümpel gefallen ist, so nimmt er sich die Zeit, ihm ein Blatt oder einen Halm zur Rettung hinzuhalten, und fürchtet sich nicht, als sentimental belächelt zu werden.[225] Zu Hause bekämpft er die Termiten, die Heim und Nahrung bedrohen. Schizophrenie? Sinnzwiespalt! Die Erweiterung des ethischen Denkens geht zu Lasten sauberer Kategorien. Solchen Verlust gleicht die inhaltliche Bereicherung aus, ein Fortschritt, der unverlierbar bleibt. Eine Heimkehr ins Paradies des reinen Philosophierens von Mensch zu Mensch ist verwehrt. Nicht der Engel mit dem Schwert wacht an der Pforte; der mit dem Schnauzbart steht davor.

Der Zugvogel

In den fünfziger Jahren druckten die Zeitungen in Abständen Fotos eines gepäcktragenden alten Herrn von kräftiger Statur und meist freundlichem Gesicht, bei dem die häufig sichtbare Abspannung auf Dauerstrapazen schließen ließ. Die Auslöser klickten, entsprechend den Terminen seiner Abreise und Wiederkehr, auf den unabänderlichen Zwischenstationen vom oder zum Heimatort: in Colmar, Straßburg, Bordeaux bzw. umgekehrt. All die Jahre über waren die Schnappschüsse in ihrer Ähnlichkeit austauschbar. Die abgeschabte Ledertasche hatte schon das Reisegut eines halben Jahrhunderts behütet; Anzug, Hut und Schuhe wetteiferten um die Erstgeburt, deren Datum sich in der fern zurückliegenden vorderen Lebenshälfte verlor, als der Stehkragen, das vierte unabdingbare Kleidungsstück in Europa, noch nicht aus der Mode gewesen war. Alles an dem hoch in Jahren stehenden Reisenden atmete Treue zum Herkommen und haushälterische Abneigung gegen die Verschwendungssucht in den modischen Trends. Die Genügsamkeit und Sparsamkeit, teils charaktereigen, teils anerzwungen, äußerte sich auch im Fortbewegungsstil. Wenn Albert Schweitzer nach einem Abteil der dritten Klasse Ausschau hielt, dann nur, *weil es die vierte Klasse nicht mehr gibt*[226].

Nichts, was die Menschen mehr an ihm entzückte als sein altväterischer Habitus, dieses logische Zubehör zu einer Lebenshaltung, die mit gestirngleicher Berechenbarkeit einen seit rund vierzig Jahren verwirklichten Pflichtgedanken weiterhin verwirklichen würde, dort, wo es am beschwerlichsten ist. So vieles, was man als wertbeständig für tausend Jahre herausgeschrien hatte, lag zertrümmert am Weg; so vieles, was man ersatzweise mit gewaltigem Pathos programmatisch in den Leerraum pflanzte, scheiterte an der schäbigen Wirklichkeit, an der zähen Knetmasse Mensch. Und hier war nun einer, der hatte an Stelle der kollektiven Heilsideen nur sich selber eingesetzt und dabei, das war das tollste, den Götzen der Zivilisation, den Erfolg, freiwillig zurückgelassen. Das überwältigte die Einwohnerschaft zweier Erdteile oder jedenfalls beträchtliche Ausschnitte davon und etliche Exklaven in anderen Weltzonen dazu.

Der Reisende, um 1955

Dabei wird es immer irritirend bleiben, daß das geduldige Fotografierobjekt zwar genauso anzutreffen war, wie die Volksverehrung es sehen wollte, und doch gleichzeitig zu ihr in herausforderndem Gegensatz stand. Mit dem geistlosen Massenmenschen ging Schweitzer hart ins Gericht. *In ganz einzigartiger Weise geht der moderne Mensch in der Gesamtheit auf. Dies ist vielleicht der charakteristischste Zug an seinem Wesen. Die herabgesetzte Beschäftigung mit sich selbst macht ihn ohnehin schon in einer geradezu krankhaften Weise für die Ansichten empfänglich, die durch die Gesellschaft und ihre Organe fertig in Umlauf gesetzt werden. Da nun noch hinzukommt, daß die Gesellschaft durch ihre ausgebildete Organisation eine bislang unbekannte Macht im geistigen Leben geworden ist, ist seine Unselbständigkeit ihr gegenüber derart, daß er schon fast aufhört, ein geistiges Eigendasein zu führen.*[227] Die Worte von 1923 nehmen unsere Diktaturen und unsere Massendemokratien mit beklemmender Einsicht vorweg. Die Galionsfigur der Jahrhundertmitte befand sich *mit dem Geiste der Zeit . . . in vollständigem Widerspruch*[228] und beklagte, daß *der moderne Staat* im Zustand *einer beispiellosen materiellen und geistigen Verelendung sei*[229], in dem die *Menschen . . . es ohne Anstrengung fertigbringen, gegebenen Falles nicht mehr Menschen, sondern nur noch Vollstrecker allgemeiner Interessen zu sein*[230].

Indem Schweitzer wie ein Aktienpaket an der Börse der Massengunst gehandelt wurde, schlich sich gleich der zweite Irrtum ein: daß man die Dividende seiner guten Taten einstreichen könnte, ohne selbst das Risiko eines sittlichen Lebens laufen zu müssen.[231] Das Idol gab und nahm. Es bereicherte (und bereichert) das Leben, erleichtert es aber nicht. *Ein unerbittlicher Gläubiger ist die Ehrfurcht vor dem Leben . . . Denen, die sich im Beruf nicht als Menschen an Menschen ausgeben können und sonst nichts haben, um es dahinzugeben, mutet sie zu, etwas von ihrer Zeit und Muße zu opfern. Schafft euch ein Nebenamt, sagt sie zu ihnen, ein unscheinbares, vielleicht ein geheimes Nebenamt. Tut die Augen auf und suchet, wo ein Mensch oder ein Menschen gewidmetes Werk ein bißchen Zeit, ein bißchen Freundlichkeit, ein bißchen Teilnahme, ein bißchen Gesellschaft, ein bißchen Arbeit eines Menschen braucht. Vielleicht ist es ein Einsamer oder ein Verbitterter oder ein Kranker oder ein Ungeschickter, dem du etwas sein kannst. Vielleicht ist es ein Greis oder ein Kind . . . Wer kann die Verwendungen alle aufzählen, die das kostbare Betriebskapital, Mensch genannt, haben kann! An ihm fehlt es an allen Ecken und Enden! Darum suche, ob sich nicht eine Anlage für dein Menschentum findet. Laß dich nicht abschrecken, wenn du warten oder experimentieren mußt. Auch auf Enttäuschungen sei gefaßt. Aber laß dir ein Nebenamt, in dem du dich als Mensch an Menschen ausgibst, nicht entgehen. Es ist dir eines bestimmt, wenn du es nur richtig willst.*[232]

Zu allem kam dann noch der Kontrast zwischen der konservativen Hülle und dem fortschrittlichen Inhalt. Die wenigsten unter denen, die the greatest man of the world («Life») wie eine liebe Nippessache in die gute Stube stellten, sahen die Widerhaken in dem streitbaren Intellekt. Nichts darin war vom Ansatz her rückwärtsgewandt, alles wies nach vorn: in der Theologie, in der Musik, in der Philosophie, im praktischen Tun. Und doch, wer aus allem ableiten wollte, Schweitzer sei ein populäres Mißverständnis gewesen, der ginge fehl. Nur mit dem Herzen sieht man gut (Saint-Exupéry). Wenn die volkstümliche Perspektive gewiß in vielem falsch war, von daher hat sie gestimmt. Nie wurde einem Menschen ohne politisches Amt so viel Verehrung entgegengebracht, unmißbrauchte Verehrung, wie dem Mann, der 1951 in ein Frankfurter Gästebuch von Schweitzer-Freunden schrieb: *Auch ich gehöre zum Schweitzer-Kreis.*[233]

Unter den vielen, die aus unterschiedlichen Gründen die Schweitzer-Aktien niedriger handelten als die Majorität, war auch ein Stuttgarter Knirps. Als der Ortsfremde mit dem Stehkragen sich nach einem bestimmten Haus erkundigte, kam die Rückfrage des Jungen an das bekannte Gesicht: «Sie sind doch Albert Schweitzer?» *Ja, der bin ich.* «Ach, darf ich Sie dann bitten, mir ein Autogramm zu geben?» *Ja, gern . . .* «Prima! Ich danke Ihnen vielmals! Jetzt habe ich drei Albert Schweitzer, dafür bekomme ich einen Max Schmeling!»[234]

Vom Scheitelpunkt der Popularität – mutmaßlich die Entgegennahme des Friedensnobelpreises Ende 1954 in Oslo, für den Max Tau zäh geworben hatte, und der gleich folgende 80. Geburtstag – brauchte man nicht mehr als sechs Jahre zurückzugehen, um denselben Reisenden noch fast unerkannt abfahren und ankommen zu sehen. So viele Einzelne kannten ihn, hatten ihn im Hörsaal, in der Kirche, auf dem Podium, im Büchern erlebt, doch ihre Vielheit summierte sich noch nicht zum überlokalen Ereignis, das wahrzunehmen den großen Redaktionen als zwingend galt. In solcher Anonymität ist der «Zugvogel» mit dem deutschen Geburtsschein und dem französischen Paß (seit 1919) zwischen 1913 und 1948 siebenmal zum Äquator, also vierzehnmal zwischen Europa und Afrika hin und her gereist, mit dem längsten, zehnjährigen Daueraufenthalt in Afrika 1939 bis 1948. Unter ganz anderen Bedingungen folgten weitere dreizehn Mal, 1949 bis 1959 – die letzte Ausfahrt ohne Wiederkehr.

Nie ist er anders als mit dem Kongodampfer von Bordeaux nach Port Gentil gefahren, und zurück, jeweils knapp drei Wochen, nicht gerechnet die Anschlußstrecken, dort mit dem Flußdampfer, hier mit dem Zug. Aus vielen seiner Reiseberichte bieten sich Erzählbeispiele an. Eine unbekannte Schilderung von 1933 kann für alle stehen, obwohl es nicht jedesmal so viele Hindernisse wie bei dieser vierten Ausreise gab.

Mittwochabend, den 15. März, fahren wir . . . von Straßburg ab: Frl. Mathilde Kottmann aus dem Elsaß, die die Reise nun zum dritten Mal un-

ternimmt, und ich. In Colmar steigt Frl. Siefert, eine neue Pflegerin, zu uns ein. Mitten in der Nacht, in Besançon, heißt es plötzlich «Heraus aus dem Wagen!» Seine Achsen haben sich heiß gelaufen, und er muß durch einen andern ersetzt werden. Und schnell sollt' es gehen! Das ist für uns, die wir an die 20 Gepäckstücke haben, keine einfache Sache. Um nämlich Fracht zu sparen, haben wir . . . besonders schwere Sachen wie Bücher, Werkzeuge und dergleichen als Handgepäck mit uns. Nach einigen Stunden müssen wir noch einmal umsteigen, da der eingestellte Wagen nur eine bestimmte Strecke mitgeführt werden soll. Im Bahnhof von Bordeaux *empfängt uns Frau Russell, die direkt von England gekommen ist. Sie fährt zum vierten Mal nach Lambarene.*

Am Morgen nach unserer Ankunft vergewissern wir uns an Hand unserer Listen, daß die 102 als Fracht vorausgesandten Gepäckstücke vollzählig im Schuppen der Reederei liegen. Miteinander wiegen sie 4800 Kilos. Hauptsächlich führen wir mit uns: Medikamente, Decken, Verbandstoffe, Waschkessel, Küchengeräte, Einmachgläser und Werkzeuge. Es hat sich der Brauch herausgebildet, daß ich bei meiner Rückkehr nach Afrika (das Unterbewußtsein sieht im Süden schon den Schwerpunkt der Existenz, so daß das Bewußtsein von «Rückkehr» spricht) *das Nötigste für etwa zwei Jahre mitbringe, damit die anderen, besonders die Neuen, möglichst wenig mit Gepäck belastet sind und möglichst wenig mit der Verfrachtung und dem Zoll zu tun haben.*

Am Samstagabend, den 18. März, fahren wir bei stürmischem Wetter auf der «Brazza», deren Kapitän ein alter Bekannter von mir ist, die Gironde hinab . . . Zwei Tage nach der Abfahrt von Teneriffa wird einer der beiden Dieselmotoren unseres Schiffes defekt. Wir fahren nur noch mit der Backbord-Schraube. Zum Glück haben wir den Wind im Rücken. So gelangen wir, wenn auch in sehr langsamer Fahrt, am Dienstag, den 28. März, nach Dakar. Hier wird uns eröffnet, daß das Schiff nicht imstande sei, die Reise fortzusetzen . . . Wie wir in Besançon den Wagen gewechselt, müssen wir in Dakar auf ein anderes Schiff umsteigen. Und zwar haben wir auf die erst am 1. April in Bordeaux abfahrende «Asie» zu warten . . . Wie auf dem Schiffe verbringe ich in Dakar die Zeit mit dem Skizzieren einiger Kapitel eines philosophischen Werkes. Von der Sahara her weht ein so kühler Wind, daß ich im Zimmer friere und beim Ausgehen den Lodenmantel anziehe . . .

Am Morgen des 9. April – es ist der Palmsonntag – läuft die «Asie» in Dakar ein . . . Abends (ohne den Unfall der «Brazza» kämen wir jetzt in Lambarene an!) gehen wir an Bord. Im herrlichen Mondenschein gleitet das Schiff längs der dem Hafen vorgelagerten Insel Goree dem Süden zu. Immer bin ich beim Anblick dieses kleinen Felseneilandes erschüttert. Hier war früher der größte Verladeplatz für Sklaven an der Westküste Afrikas . . . Hier nahmen sie, die Schiffe, *die armen Schwarzen, die die Häuptlinge aus dem Innern auf ihren Streifzügen erbeutet und an die Sklavenhändler von Goree gegen Schnaps, Pulver, Blei, Tabak und Salz verhandelt hatten, an Bord. Noch finden sich auf der Insel mächtige Kellergewölbe, in denen die armen Sklaven bis zur Ankunft des Schiffes, das sie nach Amerika entführen sollte, gefangen gehalten wurden . . .*

Nach weiteren Reisetagen um den großen Kontinentalbogen von West- nach Äquatorialafrika *nimmt das Schiff* bei Duala *Kurs nach Süden. Nun gebe ich die philosophische Arbeit auf und vertiefe mich in die Listen meiner vielen Kisten, Koffer und Ballen, um für alle Fragen des Zollbeamten in Port Gentil (Cap Lopez) gerüstet zu sein . . . Da unsere*

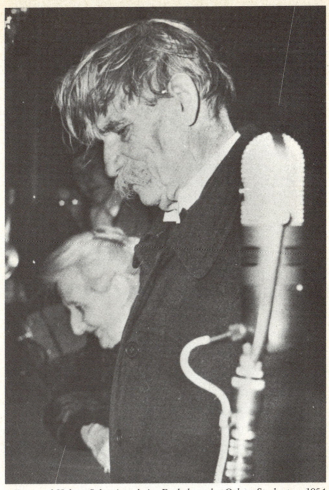
Albert und Helene Schweitzer beim Fackelzug der Osloer Studenten, 1954

Listen als sehr verläßlich bekannt sind (in jeder Liste sind die Gegenstände nach Beschaffenheit, Gewicht und Wert auf genaueste aufgezählt), wickelt sich die Sache ziemlich schnell ab. Am Freitagmorgen, den 21. April, werden die Koffer, Kisten und Ballen auf den Flußdampfer verladen, der im Laufe des Nachmittags die Fahrt den Ogowe hinauf antritt . . .

Die Fahrt geht viel schneller vor sich als vor zwanzig Jahren, weil so manche Ortschaften, an denen wir damals hielten und abluden, heute *nicht mehr existieren . . . Samstag, den 22. April, abends gegen 5 Uhr, sind wir in Lambarene.*²³⁵

Zu dieser Zeit, 1933, stand die trotzige Urwaldschöpfung relativ gefestigt da, so daß ihr Gründer sie für ein Jahr oder länger, wie gerade jetzt, einem eingearbeiteten Team hatte überlassen können. Seine stärkste Stütze in der Palmenwelt war eine Frau, Emma Haussknecht aus dem Elsaß (1895–1956). Seit 1925 vor Ort, verfügte sie bei den Schwarzen über so viel Autorität, daß sie sogar in Abwesenheit ihres Chefs selbständig weiterbaute. Wieviel leichter mußte dem «Rückkehrer» das Wiedereinarbeiten in einem funktionierenden Organismus erscheinen als das dreimalige Urbarmachen aus dem Nichts . . .

Wenn die Gedanken jetzt fünfzehn Jahre zurückgingen, kamen sie zum Tiefpunkt des Lebensweges – die noch nicht gelebte Strecke einbegriffen. 1917 hatten die Schweitzers auf unabsehbare Zeit alles aufgeben

Emma Haussknecht

Luftaufnahme von Lambarene

müssen und waren als Internierte nach Europa zurückverfrachtet worden. Der Weg hatte durch zwei Lager geführt (Garaison in den Pyrenäen und St. Rémy in der Provence). Das traurigste aller Fotos Schweitzers erinnert daran, aber auch eine treffliche Karikatur, wie er auf einem Tisch «orgelspielend» sich elastisch hält. Im Austauschverfahren kehrten die Internierten mit anderen Elsässern noch im Kriege nach Hause zurück. Wenngleich der Heimkehrer zweifachen Lebensunterhalt fand, wieder als Vikar an St. Nicolai und als Assistenzarzt in der Hautklinik des Straßburger Bürgerspitals, und wenngleich Anfang 1919 seine Toch-

In Garaison, 1918

*Erzbischof
Nathan Söderblom*

ter Rhena geboren wurde (die Mutter vollendete kurz darauf ihr 40. Lebensjahr), so war doch die Zukunft verhangen wie ein Novemberhimmel. *Die ganze Zeit nach dem Kriege . . . hatte ich in meiner Straßburger Abgeschlossenheit das Gefühl eines unter ein Möbel gerollten und dort verlorenen Groschens gehabt.*²³⁶ Krankheit (Dysenteriefolgen), Schulden, Zerstörung, Völkerhaß, wissenschaftliche Kaltstellung und der Gedanke an das Zurückgelassene, das der Urwald gierig zudeckte, waren die Elemente einer Stimmungslage, in die dann Ende 1919 die berühmte Einladung des schwedischen Erzbischofs Nathan Söderblom zu Vorlesungen an der Universität Uppsala als erlösendes Wort fiel, als erwärmender Hoffnungsstrahl. Von daher rührte Schweitzers besondere Dankbarkeit gegenüber Schweden. Es kam Aufschwung in sein Dasein und Kraft zum Neubeginn.

Daraus entwickelte sich mit der Zeit das zweigeteilte Leben, der Pen-

Packen für Lambarene, um 1950

delverkehr des Mannes mit dem Riesengepäck auf der Nord-Süd-Schiffahrtslinie, der französischen Paquebot-Route, deren bekanntester Fahrgast er wurde – auf der «Brazza», auf der «Foucauld». In Afrika war er zu einem Drittel Arzt, zu einem Drittel Baumeister, zu einem Drittel Schriftsteller mit musikalischem Nachtgebet in Toccaten und Fugen von Bach; *dazu kamen noch einige Tropfen wilder Mann*[237]; in Europa verbrauchten Konzert- und Vortragstourneen, später noch Vorlesungszyklen, den Löwenanteil an Zeit. Der Rest diente Büchern und Briefen, Besuchen und Besuchern, dem Einkauf und Packen, wobei ihm die «Packergilde» mit Charles Michel in der Straßburger Speichergasse jahrzehntelang half.

Die innere Uhr lief zu Hause weiter nach Lambarene-Zeit (die astronomisch die gleiche ist). Das spürte jeder abendliche Gast. *In Lambarene ist nun auch alles still, und in den Baracken schlafen sie bald. Nur die, die Schmerzen haben, jammern unruhig. Die Tiere schlafen. Die Ärzte und Schwestern haben ihre Erholungspause.*[238] Wenn der «grand docteur», der «alte Doktor» (im Unterschied zu den jüngeren Ärzten) nicht in Europa, sondern am Ogowe war, dann ging er immer noch seine Runde. *Wenn ich nicht käme, ihnen gute Nacht zu sagen, schliefen sie nicht ein.*[239]

Die Endpunkte der Achse, um die Schweitzers Reiseleben sich drehte – von den mythologischen Attributen des schützenden Wanderergottes Hermes hatte er zumindest den Hut –, waren Lambarene und Günsbach. Doch der Heimatort bot ihm einmal für kurze Zeit keine Bleibe: Nach dem Tode des Vaters 1925 ging dem Sohn das elterliche Pfarrhaus verloren, weil es eine Dienstwohnung war. Zuvor hatte er aber für Helene und Rhena, vor allem aus Gesundheitsgründen, ein Haus in Königsfeld im Schwarzwald gebaut. Daher einmal der Satz: *War ich nicht auf Reisen, so lebte ich bei Frau und Kind in dem Höhenluftkurort . . . oder in Straßburg.*[240] Eine Wende brachte 1928 der Goethepreis. Von der Preissumme, die die Stadt Frankfurt der Urkunde beifügte, baute sich der Empfänger in Günsbach ein Haus. Das konnte wie weise Voraussicht erscheinen, denn seine jüdische Frau hätte auf die Dauer in Deutschland kaum wohnen können. Wahrscheinlicher ist, daß der Günsbacher Pfarrerssohn wieder beide Füße auf der Heimaterde haben wollte, zumal die Weimarer Demokratie den schlimmen Ausgang noch

Albert Schweitzer mit seiner Tochter Rhena, 1922

Schweitzers Haus in Günsbach

Emmy Martin, 1923

nicht ahnen ließ. Das Haus im Münstertal wurde außerdem eine Erholungsstätte für den Lambarene-Stab, vorrangig: das Hauptquartier von Emmy Martin, der europäischen Statthalterin, die von hier aus das Schweitzer-Imperium jahrzehntelang klug und energisch verwaltet hat.

Der Hausherr pflegte zu sagen, das Heim sei ihm von Goethe geschenkt. Goethe. Ohne ihn bliebe Schweitzers Umriß Fragment. Der Weimarer hat dem Landsmann der Friederike Brion nicht einen Weg anbefohlen, wie Jesus es tat, aber er hat ihm auf jenem Wege Raststätten der Seele gebaut. So unterschiedlich beider Leben nach Anlage, Wirkkräften, Selbstverständnis, so groß der Gegensatz zwischen Goethes Aufgeschlossenheit und Schweitzers Abgeschlossenheit[241]: in überraschend vielen Bezügen existenzieller Nähe sah sich das selbstbescheidene *arme Gestirnlein . . . in der Anziehungskraft Goethescher Sonne gravitierend erfaßt*[242]. Das bezeugt hauptsächlich die erste der vier Reden, die von 1928. Ihr Tenor, auch der der anderen drei, ist Dankbarkeit und Selbstspiegelung.

Als . . . ich vor Begeisterung für die großen spekulativen Systeme glühte, wollte es mir unbegreiflich vorkommen, daß Goethe, der das gewaltige Wirken eines Kant, eines Fichte, eines Hegel miterlebt hatte, einigermaßen fremd beiseite stand und . . . im Kreise einer Naturphilosophie stehenblieb, wie er sie in der Stoa und bei Spinoza kennengelernt hatte . . . Als ich selber zur Besinnung kam und zu dieser Naturphilosophie mich zurückwandte . . . da wurde mir Goethe derjenige, der auf dem verlorenen Posten ausgehalten hatte, wo wir nun aufs neue die Wache beziehen und zur Arbeit antreten . . .

Eine neue Begegnung hatte ich mit Goethe, als mir in seinem Schaffen auffiel, daß er sich keine geistige Beschäftigung denken konnte ohne nebenhergehendes praktisches Tun . . . Es hat mich ergriffen, daß es für diesen Großen unter den geistig Schaffenden keine Arbeit gab, die er unter seiner Würde hielt . . . Und als mein Lebensweg mich so führte, daß ich, um dienen zu können, ein Schaffen ergreifen mußte, das fernab von der Begabung lag, in der ich mich bisher erprobt hatte . . . da fand der Tröster Goethe die Worte, die mir aufhalfen . . . durfte ich mich darauf besinnen, daß dieses Abenteuerhafte für ihn . . . vielleicht nicht so ganz abenteuerhaft gewesen wäre, wo er doch seinen «Wilhelm Meister» zuletzt, nachdem er gar nicht darauf vorbereitet scheint, Wundarzt werden läßt, damit er dienen könne.[243]

Dann rücken die Naturwissenschaften ins Bild; unser viertes Kapitel nahm sie vorweg. Danach folgt die Bilderbuch-Parallele zu Goethes literarischer Hauptfigur. *In den letzten Monaten 1925 . . . habe ich Wochen und Monate im Urwald gestanden, mich mit widerspenstigen Arbeitern abquälend, dem Urwald fruchttragendes Land abzuringen. Wenn ich ganz verzweifelt war, da dachte ich daran, daß auch Goethe für seinen Faust als Letztes erdacht hatte, daß er dem Meere Land abgewönne, wo*

*Goethe.
Ölgemälde von Joseph Karl Stieler (1828)*

Menschen darauf wohnen und Nahrung finden könnten. Und so stand Goethe im dumpfen Urwald als lächelnder Tröster, als großer Verstehender neben mir.[244]

Noch anderes erwähnt der Interpret selbstübertragbar und berührungsnah; Goethes Schuldgedanken, die Distanz zum Zeitgeist, *seine . . . Sorgen um die kommende Zeit*[245], sein Mitfühlen fremder Not; und wenngleich Goethe nicht eigentlich ein Anwalt der Tiere war, kam es zu einer Begegnung sogar hier, weil der Ältere die prinzipielle Gleichheit unter der Sonne in seinem pantheistischen Sinn erfühlt und ausgesprochen hat:

> Als ich einmal eine Spinne erschlagen,
> Dacht' ich, ob ich das wohl gesollt?
> Hat Gott ihr doch wie mir gewollt
> Einen Anteil an diesen Tagen!

Den volkstümlich formulierenden Denker auf dem Vortragspult löste der theologische Fachgelehrte ab. Mitten in der «Goethezeit» 1928 bis 1932, als drei von vier Reden entstanden, forderten die seit zwanzig Jahren an Paulus arbeitenden Gedanken unabweisbar ihr Recht. Das Ergebnis, *Die Mystik des Apostels Paulus* von 1930, wird selbst von Schweitzers schärfstem theologisch-philosophischem Kritiker Groos als «genial» gelobt. Der Kerngedanke der 500 Seiten: Der Apostel verankert die Vorstellung des Auferstandenseins, befreit aber den Auferstandenen vom Vollzugszwang der Wiederkehr, und zwar durch die geniale Erlösungsidee des Lebens «in Christo» und des schon angebrochenen Reiches Gottes. Paulus entspannt die Naherwartung. Obwohl konsequent eschatologisch denkend (darin stellt Schweitzer ihn völlig in die Jesus-Tradition, nicht ins Griechentum), nimmt er der Parusieverzögerung das Stigma des Irrtums. Das Christentum kann bestehen auch ohne göttlichen Countdown. In des Paulus Glaubenswerkstatt wird es noch nicht hellenisiert, aber hellenisierbar gemacht.

Daß der Antidogmatiker Schweitzer denjenigen feiert, der am Beginn der Christologie und Dogmengeschichte steht, ist nur ein scheinbarer Widerspruch. Gerade den Freibrief des unabhängigen Denkens nimmt er vom Apostel, die Vollmacht, sich nicht an Vorgegebenes sklavisch zu halten, sondern das Material der Geschichte frei fortzudenken, wo die Geschichte es verlangt.

Durch den Gedanken der bereits Wirklichkeit gewordenen Erlösung durch Christum wandelt sich bei ihm die Ehtik der Erwartung des Reiches Gottes in die der Bewährung desselben. Sie tritt aus der Abhängigkeit von der eschatologischen Erwartung heraus und verbindet sich mit der Gewißheit, daß mit Christo die Verwirklichung des Reiches begonnen hat. In der logisch einzig möglichen Weise denkt Paulus also die Ethik Jesu zur Ethik des von ihm gebrachten Reiches Gottes um. Dabei behält sie die ganze Unmittelbarkeit und Wucht der Ethik der Bergpredigt. In seinem vollen Glanze erstrahlt Jesu großes Gebot der Liebe in Pauli Hymnus von der Liebe, die größer ist als Glaube und Hoffnung, und in Geboten, die er für das alltägliche Leben ausgibt.

In den Herzen, in denen Pauli Mystik der Gemeinschaft mit Christo lebendig wird, ist nimmer ersterbende Sehnsucht nach dem Reiche Gottes und zugleich Trost, daß wir seine Vollendung nicht schauen.[246]

Die *Mystik* war in Europa geschrieben worden. Gleich darauf entstand im afrikanischen «Doktorhaus» über dem Fluß das Buch, das von allen Werken Schweitzers am meisten gedruckt und übersetzt worden ist, *Aus meinem Leben und Denken*. Der Fünfundfünfzig- und Sechsundfünfzigjährige schaute zurück. Es gibt Seitentüren zum Schweitzer-Haus. Dies hier ist die große Auffahrt. Vielleicht kommt man von den Nebeneingängen, über die Kindheitserinnerungen, die Predigten, am leichtesten hinein. Wer wirklich alle Räume kennenlernen will, muß

Helene Schweitzer mit ihren Enkeln in Zürich

durchs Hauptportal. Im bisherigen Verlauf unserer Zwiesprache mit Schweitzer haben wir es oft durchschritten, schon wegen der guten Durchblicke von dort. In den Erzählgang sind Kurzbeschreibungen aller bis dahin erschienenen eigenen Bücher eingestreut. Wer auf knappes Zitieren angewiesen ist, das das wesentliche erfaßt, greift gern zu den Konzentraten über die Jesus-Forschung, Bach, Kant, die Orgelprobleme, die Kulturphilophie.

Wie das autobiographische Parallelstück über die frühe Lebenszeit mit einem Epilog endet, der in anderer Tonart gesetzt ist als die Hauptmelodie, so klingt auch die große Rückschau mit einer eigenen Weise aus. Beim erstenmal waren es die Zwischentöne im Miteinander von Mensch zu Mensch, die ein Wissender in die Klarschrift von Lebensregeln umgesetzt hat.[247] Hier nun geht es mehr um kollektive Bezüge in der Krise des Geistes und der Kultur einer Gesellschaft, die durch eine Katastrophe gegangen war und auf die zweite zuging. Die Bestandsaufnahme von 1931 könnte von heute sein:

Heute ist die Tortur wieder hergestellt. In den meisten Staaten wird von der Justiz stillschweigend geduldet, daß vor und neben dem eigentlichen Rechtsverfahren von Polizei- und Gefängnisbeamten die infamsten Martern angewandt werden, um Angeklagten ein Geständnis zu entreißen. Die damit stündlich gegebene Summe des Elends ist gar nicht vorstellbar.[248]

Trotz solcher Düsternis ist der Epilog ein rationalistisches Glaubensbekenntnis, die Eiserne Ration, die die Aufklärung ihrem Nachgeborenen für die Dürreperioden des 20. Jahrhunderts mitgegeben hat. *In einer Zeit, die alles, was sie irgendwie als rationalistisch und freisinnig empfindet, als lächerlich, minderwertig, veraltet und schon längst überwunden ansieht . . . bekenne ich mich als einen, der sein Vertrauen in das vernunftmäßige Denken setzt. Ich wage unserem Geschlechte zu sagen, daß es nicht meinen soll, mit dem Rationalismus fertig zu sein . . . Wenn es alle Torheiten . . . durchgemacht hat und durch sie immer tiefer in geistiges und materielles Elend geraten ist, wird ihm zuletzt nichts übrig bleiben, als sich einem neuen Rationalismus, der tiefer und leistungsfähiger ist als der vergangene, anzuvertrauen und in ihm Rettung zu suchen.*[249]

Der erkennende Pessimist und voluntaristische Optimist, der *nur in ganz seltenen Augenblicken . . . wirklich froh geworden* ist, weil er *nicht anders konnte, als alles Weh* um sich herum *dauernd mitzuerleben*, bekennt: *Weil ich auf die Kraft der Wahrheit und des Geistes vertraue, glaube ich an die Zukunft der Menschheit.*[250] Nie aber war sein Zutrauen in die schöpferische Fähigkeit eine Befestigungslinie gläubiger Passivität. Mittun war Pflicht. *So sehr mich das Problem des Elends in der Welt beschäftigte, so verlor ich mich doch nie in Grübeln darüber, sondern hielt mich an den Gedanken, daß es jedem von uns verliehen sei, etwas von diesem Elend zum Aufhören zu bringen.*[251]

In Schweitzers Leben gibt es ein drittes Schlußwort, nach dem mitmenschlichen und dem gesellschaftlichen das ganz selbstbezogene. Es ist

Erica Anderson

nicht geschrieben, sondern gesprochen und gefilmt. Die Amerikaner Erica Anderson und Jerome Hill drehten den Farbstreifen um 1955, in der Lorbeerzeit, an den Wirkstätten in Nord und Süd. Die Kamera folgt dem Achtzigjährigen auf seinem Spaziergang an den Weinbergen von Günsbach hinauf. *Ich empfinde es als etwas Wundervolles in meinem Leben, daß ich im Alter noch daheim sein darf, wo ich in der Jugend war, daß die Themen des Anfangs der Symphonie meines Lebens im Finale wiederkehren. Was dieses Privileg bedeutet, weiß ich doppelt zu schätzen in der Zeit, wo es so vielen Menschen durch die furchtbaren Geschehnisse der beiden Kriege versagt ist, noch die Heimat ihrer Jugend zu besitzen. Die Schwalben, schon sammeln sie sich für die Reise nach dem Süden. In einigen Wochen komme ich ihnen nach. Dann leben wir wieder miteinander unter dem Kreuz des Südens und unter Palmen. Einmal aber wird es kommen, daß ich sie nicht mehr sehen werde, wenn sie sich für diese Reise sammeln, und sie auch nicht mehr im fernen Süden antreffen werde, weil ich die große Reise aus dieser Welt in eine andere angetreten haben werde.*[252]

Von wo auch immer *die große Reise aus dieser Welt* angetreten werden würde: dort wollte er ruhen. Das war ausgemacht. Von den frühen sechziger Jahren an als Schweitzer Lambarene nicht mehr verließ, schien daher den Kennern Heinrich Heines die Antwort auf seine Frage gegeben:

> Wo wird einst des Wandermüden
> letzte Ruhestätte sein?
> Unter Palmen in dem Süden,
> unter Linden an dem Rhein?

Das Kernproblem

Auf jede Glorifizierung eines Menschen antworten irgendwann Kritik und Widerstand. Den Pendelschlag in der öffentlichen Meinung hat im biblischen «Hosianna» und «Kreuzige ihn» das klassische Modell. Albert Schweitzers Popularität erlitt quantitativ keine Einbußen, steigerte sich eher bis hin zum turbulenten letzten Europa-Aufenthalt 1959, doch wurde seine Integrität vielfach in Frage gestellt, typischerweise zuerst dort, wo er geradezu geheiligt worden war: in den USA. Anlaß waren seine Warnungen vor der Atomgefahr. Beim Wettlauf der Supermächte – den Rüstungsvorsprung zu wahren bzw. aufzuholen – erschien die Kritik aus dem Urwald vielen als üble Miesmacherei, der Alte selber falsch programmiert. Sie wollten sich das aufregende Mächtespiel nicht verderben lassen, schon gar nicht von einem, dem man publizistisch so viel Gutes getan hatte und der sich nun als empörend undankbar erwies.

Der Spielverderber hatte lange gezögert, bevor er 1957 seine Stimme erhob. Direkte öffentliche Einflußnahme widersprach dem individualethischen Gesetz, nach dem er angetreten. Da aber schon seine *Kulturphilosophie* sich vom einzelmenschlichen zum kollektiv-ethischen Handeln erweitert hatte und da jetzt die Erfindungskraft sich zur weltweiten Bedrohung von Leben pervertierte, wurde Albert Schweitzer schrittweise ins Tätigwerden gezwungen; es war angelegt. Dazu kam Aktivitätsdruck von außen. So verhielt er sich zur Atomgefahr wie Goethes Fischer gegenüber der schönen Nixe: halb zog sie ihn, halb sank er hin.

Die Beschäftigung mit dem «Kernproblem» begann mindestens acht Jahre vor dem ersten öffentlichen Wort dazu. In einer von Benedict Winnubst 1974 zusammengestellten Lektüreliste[253] steht schon unter 1949 als erster Titel Max Hartmann: «Atomphysik, Biologie und Religion» (1947). Das sicher nicht vollständige Verzeichnis umfaßt 60 Titel. Einer der letzten: Bertrand Russell: «Hat der Mensch noch eine Zukunft?» (1963), gelesen im 90. Lebensjahr. Die meisten aufgeführten Bücher und Aufsätze wurden 1957 und 1958 verarbeitet.

1955 scheint Dag Hammarskjöld als erster Prominenter an die äquatoriale Gewissensinstanz appelliert zu haben, öffentlich für den Völkerfrieden einzutreten. Er hegte «die – vielleicht äußerst verwegene – Hoff-

Albert Einstein

nung, daß Sie bereit sein werden, Ihre gewaltige Stimme den Appellen hinzuzufügen, die für die gegenseitige Respektierung der Völker gemacht werden»[254]. Kurz zuvor, im Februar 1955, waren aufschlußreiche Zeilen von Lambarene nach Princeton gegangen. Einstein las: *Wir erleben unsere furchtbare Zeit miteinander in derselben Weise und ängstigen uns miteinander um die Zukunft der Menschheit . . . Merkwürdig ist, wie oft in der Öffentlichkeit unsere Namen miteinander genannt werden . . . Ich bekomme Briefe, in denen verlangt wird, daß Sie und ich und andere mit uns die Stimme erheben.*[255]

Otto Spear erinnert daran[256], daß Schweitzer, lange, ehe seine Stimme zu hören war, seine lautlose Feder schon derselben Sache gewidmet hatte, noch nicht appellierend, mehr reflektierend, an einem auch für leidliche Schweitzer-Kenner unvermuteten Ort: in einem Aufsatz von 1953, aber schon 1950 geschrieben, über *Die Idee des Reiches Gottes im Verlaufe der Umbildung des eschatologischen Glaubens in den uneschatologischen*. Gegen Ende heißt es da mit ungewöhnlicher Düsternis:

Beginnender Untergang der Menschheit ist unser Erlebnis. Bei der Macht, die ihr durch die Errungenschaften des Wissens und Könnens zugefallen ist, handelt es sich für sie darum, ob sie die Kraft aufbringt, von ihr nur zum Gedeihlichen, nicht auch zum Vernichten Gebrauch zu machen. Solange sie nur über ein beschränktes Können des Zerstörens verfügte, konnte noch Hoffnung vorhanden scheinen, daß der Appell an vernünftiges Überlegen dem Unheil Grenzen setzen könne. Bei dem ins Unermeßliche gehenden Können ist solche Illusion nicht mehr aufrechtzuerhalten. Hier kann nur noch helfen, daß der Geist Gottes mit dem Geist der Welt streite und ihn überwinde.[257]

Die Zukunftssorgen, die lange vor den Interventionen Außenstehender an der optimistischen Grundeinstellung zehrten wie Karzinome am Gewicht, aber nicht weniger die Bitten von Freunden und Gesinnungs-

Schweitzer im Gespräch mit Otto Hahn und Werner Heisenberg

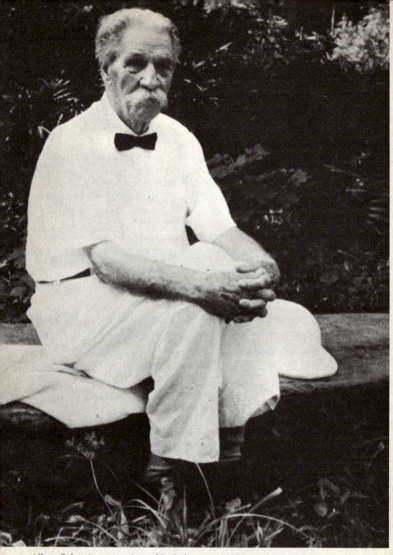
Albert Schweitzer an seinem 90. Geburtstag, 1965

partnern, aus der Reserve zu treten: beides zusammen bereitete die Gemütslage vor, in der dann dem amerikanischen Publizisten Norman Cousins Ende 1956 bei einem Lambarene-Besuch, mit einem Geburtstagsglückwunsch Präsident Eisenhowers im Gepäck, der letzte Anstoß gelang. Schweitzer erzählte dem Besucher, er habe schon *jahrelang Ma-*

terial über die Atomenergie gesammelt, militärisches und nichtmilitärisches Material[258]. Er war zwar nach wie vor im Widerstreit, denn was gegen Atombombenexperimente geschehe, dürfe *nicht die Wirkung haben, den Westen in Nachteil gegen Sowjetrußland zu bringen*[259], und: *Ich habe immer versucht, mich mit den Problemen der ganzen Menschheit in Beziehung zu setzen und mich nicht in Dispute der einen Gruppe mit der anderen hineinziehen zu lassen. Ich wollte der eine Mensch sein, der mit den anderen Menschen sprach.*[260] Aber die Aussicht, *daß Sonne und Mond auf eine Erde niederblicken, die eines jeden Lebens bar ist*[261], war zu bedrückend, um im Schweigen zu verharren. Der Amerikaner erfuhr erfreut, daß der *Entschluß . . . mich nie in etwas einzumischen, was auch nur entfernt mit politischen Fragen verknüpft ist, über den Haufen geworfen* sei.[262]

Schon überdachte der knapp Zweiundachtzigjährige die Art und Weise, *das öffentliche Gefahrenbewußtsein zu verstärken . . . Es muß vor allem schlicht und direkt sein. Es darf nicht akademisch und schwerfällig wirken.*[263] Nachdem der Präsident der Vereinigten Staaten dem Dankesbrief vom 10. Januar 1957 entnommen hatte: *Ich hege die Hoffnung im Herzen, irgendwie zum Weltfrieden beitragen zu können*[264], ging Schweitzer daran, seine Worte einzulösen. Der Entschluß und seine Ausführung wiederholten in kleinerem Maßstab, aber artgleich, die Energieleistung von 1905 bis 1910: Damals führte «kein anderer Weg nach Küßnacht» als der Umweg über das lange Studium der Medizin; jetzt mußte im hohen Alter die fremde Materie der Kernphysik in ihren Grundzügen und möglichen Umwelteinflüssen erarbeitet werden, damit sachkundig formuliert werden konnte.

In der Osloer Rundfunkansprache vom 23. April 1957 – zufällig elf Tage nach dem Aufruf von achtzehn deutschen Atomforschern gegen die Kernwaffenversuche, wobei die naturwissenschaftliche und die moralische Autorität sich nun gegenseitig stützten – wurden die Hörer mit Gründlichkeit nicht nur über den Entdeckungsweg der Radioaktivität, sondern ebenso über die Unterschiede zwischen Uranbomben und Wasserstoffbomben unterrichtet, und in welcher Weise die bei der Explosion freiwerdenden Zerfallsprodukte fortdauern und Schaden üben. *Besonders gefährlich sind die Elemente, die bei einem relativ langen Bestehen eine relativ starke Strahlung aussenden. Unter diesen nimmt Strontium 90 die erste Stelle ein . . . Die durch diese Elemente gesteigerte Radioaktivität der Luft kann uns von außen nichts anhaben . . . Die vor allem in Betracht zu ziehende Gefahr ist aber die, daß wir infolge der erhöhten Radioaktivität der Luft radioaktives Wasser trinken und radioaktive Speisen zu essen bekommen . . . Was unser Körper an radioaktiven Elementen aufnimmt, wird in seinem Zellgewebe nicht gleichmäßig verteilt, sondern an besonderen Orten abgelagert, vornehmlich im Knochengewebe, wohl auch in der Milz und der Leber. Von diesen Orten aus findet dann eine von innen kommende Bestrahlung statt, durch welche die für sie empfindlichen Organe in besonderer Weise geschädigt werden,* und zwar *dadurch, daß die Zellen durch die Strahlung ionisiert, das heißt, elektrisch geladen werden. Diese Veränderung hat zur Folge, daß in diesen Zellen die chemischen Prozesse . . . nicht mehr in der rechten Weise ablaufen . . . Zu bemerken ist, daß auch die schwächste von innen her kommende Bestrahlung sich auf die Nachkommen schädigend auswirken kann . . . Unserer Nachkommenschaft* drohe *furchtbarste Gefahr,* hervorgerufen durch das *unfaßliche Ereignis in der Geschichte der Erde und der Menschheit, daß in der Natur von uns geschaffene radioaktive Elemente vorhanden sind*[265].

Wie ein Kaufmann, der seine Ware probieren läßt, ehe man sie kauft, will Schweitzer seinen Warnungen das Fundament der Einsicht geben. Der Hörer soll die Gefahr auf der Zunge spüren und mit dem Verstand erfassen, bevor sie in seinem Zellgewebe auf Dauer Behausung sucht. Hier hält ein Professor einen popular-wissenschaftlichen Vortrag, den er redlich erarbeitet hat; völlig emotionsfrei, mit dem mentalitätsgemäßen Vertrauen, daß vernünftiges Argumentieren und Begründen wirkungsvoller sei als Eifern und Affekt. Das einzige Gefühlselement, das dem naturwissenschaftlich nüchternen Radio-Kolleg zugestanden wird, ist der Hinweis auf *mein Alter und die Sympathie, die mir die von mir vertretene Idee der Ehrfurcht vor dem Leben eingetragen hat;* sie *lassen mich erhoffen, daß meine Mahnung mit dazu beitragen kann, der Einsicht, die not tut, den Weg zu bereiten*[266]. Der Appell endet in der Hoffnung, daß *in den Völkern . . . eine öffentliche Meinung entsteht, die sich von den großen Gefahren der Fortsetzung der* Atombomben*versuche Rechenschaft gibt*, um dadurch *die Staatsmänner* zu veranlassen, *miteinander ein Abkommen über die Einstellung der Versuche . . . zu schließen.* Dort liege *die Morgendämmerung . . . der Hoffnung, auf die unsere arme Menschheit ausschaut*[267].

Die Enttäuschung über das Zögern der Atommächte bewirkte, daß die Stimme aus Lambarene im folgenden Jahr nochmals über Radio Oslo gehört wurde, nun sogar in Fortsetzungen. Vermittlerdienste leistete wieder der in Oslo lebende Max Tau. In den drei Appellen, deren Text kurz darauf als *Friede oder Atomkrieg* im Druck erschien, geht der Tonfall oft ins Sarkastische (*Edward Tellers Hymnus auf den idyllischen Atomkrieg*[268]), worin sich das Ausmaß der Sorge und Erbitterung über das amtliche, wissenschaftliche oder publizistische Herunterspielen der Gefahren verrät. Die realistische Vision eines Atomkrieges im zweiten Teil wird mit dem Vergleich der Biene veranschaulicht, die an ihrem Stich unfehlbar selber zugrunde geht. Schweitzers Problem besteht fort. Es hat sich nur verlagert: von der Sorge um die Folgen der Atomwaffenversuche zu der Sorge um Schäden an den Atomkraftwerken.

Albert Schweitzer, der 1960 in einem Brief bemerkte, es koste ihn, um *in der Friedenssache und der Atomsache auf dem laufenden* zu *bleiben . . . im Tage zwei bis drei Stunden Arbeit*[269], konnte *die Morgen-*

Mit Robert Minder

dämmerung der Hoffnung noch erleben, weil sein Vertrag mit der Ewigkeit bis über den 90. Geburtstag hinaus verlängert worden war. Das Moskauer Abkommen über die Einstellung der Versuchsexplosionen vom 25. Juli 1963, das er durch viele Interventionen (die Radio-Appelle waren nur die spektakulärsten) atmosphärisch mit vorbereitet hatte, ließ sein Leben wenigstens nicht in jener Verzweiflung ausklingen, die ihm von seinem Freund Einstein bewußt war und als Last und Verpflichtung auch sein eigenes spätes Alter verdunkelte.

Aber daß es ausklang, war seit dem Sommer 1965 für genauere Augen kaum zweifelhaft, wenngleich keine Rhythmusstörung im unablässigen Tagesdienst darauf deutete. *Als Wirkendem und als Leidendem,* als einem, der *zum Frieden hindurchgedrungen* war, *der höher ist als alle Vernunft,* war ihm, 34 Jahre nach diesen Schlußworten der Autobiographie, noch Tätigsein in Gesundheit bis fast an die Daseinsgrenze vergönnt. Die Berichte über die letzten Lebenstage, das Miterleben vieler, faßt Robert Minders Sammelband «Rayonnement d'Albert Schweitzer» (1975) zusammen:

«Am 18. August sah man ihn das letzte Mal hinter seinem Schreibtisch in der Pharmazie, der während all der Jahre sein Standort gewesen war, wo jeder zu ihm kommen konnte. Ein letztes Mal rührte er das alte Klavier an, als er einen Choral begleitete, dem zarte, feine Intonationen und Variationen vorausgingen. Da er am 23. August während eines kleinen Spaziergangs gestürzt war, mußte er sich auf Anordnung der Ärzte

Das Albert-Schweitzer-Denkmal in Günsbach

zwei oder drei Tage zu Bett begeben. Am 25. erschien er wieder zum Abendessen. Am 27. August schrieb er seinen letzten Brief, gerichtet an einen Bischof, dem er für eine Spende dankte.

An den drei folgenden Tagen bat er darum, eine vollständige Fahrt im Jeep durch sein Spitalgelände zu machen; er stieg für kurze Fußwege ab. Ein Besucher . . . bemerkt zum 28. 8.: ‹Ich war tief beeindruckt von seinem blassen und fast starren Gesicht, er folgte der Unterhaltung nicht mehr. Er wendete nur seinen Kopf zum Fahrer des Jeep, um ihm zu sagen: ‹Weiter, weiter!› Man spürte den Verfall von Tag zu Tag voranschreiten. Die Angst legte sich um die Herzen. Rhena Eckert-Schweitzer, seine Tochter, war ständig um ihn, zusammen mit Ali Silver, Mathilde Kottmann, Emmy Martin und anderen Freunden. Alle nahmen wahr, wie das Unwiderrufliche sich erfüllte. Die Ärzte, an ihrer Spitze Dr. Walter Munz, hatten keine Hoffnung mehr. Der treue O'Biangé, der ‹amtliche› Ruderer des Doktors seit Jahren, lamentierte: ‹Der große Doktor war das Licht im Wald.›

Am 1. September wollte er aufstehen und hatte die Kraft dazu. Unterstützt von Ali Silver und Emmy Martin, aufrecht gehalten von Fritz Dinner, begab er sich ein letztes Mal an seinen Schreibtisch und wollte Briefe schreiben. Ali Silver sagte zu ihm: ‹Hier ist ein Umschlag, den Sie für Robert Minder vorbereitet haben.› Er versuchte, den Brief zu schreiben, aber seine Hand gehorchte ihm nicht mehr; er konnte nur einige Züge aufs Papier kritzeln. Er verlangte nach einem Buch. Man gab ihm den Sammelband ‹Begegnung mit Albert Schweitzer›, der zehn oder fünfzehn Tage zuvor angekommen war und den er in Teilen gelesen hatte. Er wendete die Seiten um, aber sein Blick reichte nicht mehr hin. Erschöpft kehrte er ins Bett zurück und schlief ein. Am 3. September ließ man ihn die 4. Symphonie von Beethoven hören. Die Musik tat ihm wohl. Mit geschlossenen Augen hörte er so während dieser letzten Tage Bach und Beethoven.

An der Seite seiner ganz nahen Freunde erschienen das eine oder andere Mal Gruppen, zurückhaltend und schweigend, im Hintergrund. Eine Afrikanerin sang traurig, in der Galoasprache: ‹Großer Doktor, ihr seid gekommen, uns zu pflegen, uns andere zu heilen, kranke und lepröse Afrikaner. Habt Dank, und eure Reise möge still verlaufen.› Am Samstag, den 4. September, stellten sich die Patres der Katholischen Mission ein. Schwarze wurden hineingeführt. Das letzte Stück Musik, das er hörte, war das Adagio aus der 5. Symphonie von Beethoven . . .»

So begleitete sein ältester Gefährte, die Musik, ihn noch an seinem Todestag, als das Wort schon nicht mehr Zugang fand. Aber im Rückblick ist seine ausdauerndste Haltung die des Schreibenden, und nur so konnte der Bildhauer Fritz Behn sich Albert Schweitzer vorstellen, als er ihn in rotem Vogesensandstein nachbildete. Das Original zur Skulptur hatte 1958 an den Meister in München geschrieben: *Eigentlich sollte ein Standbild erst ein Jahrhundert nach dem Tode des Betreffenden aufgestellt werden. In unserem Fall würden wir an dem Datum etwas herunterhandeln.* Und er schlug den Platz vor, an dem es seit 1969 tatsächlich steht: *auf meinem Felsen über dem Dorf; denn dort war ich der, der mit Denken beschäftigt war. Dort ist meine geistige Heimat . . . Auf dem Felsen ist «Kultur und Ethik» entstanden und sind der historische Jesus und der historische Paulus wieder erstanden. Dort bin ich ganz zu Hause, dort in jener schöpferischen Einsamkeit will ich in Stein weiter verweilen.*[270]

Anmerkungen

Für Zitate aus Schweitzers Schriften wurden die von Rudolf Grabs herausgegebenen *Gesammelten Werke* (GW) in fünf Bänden – Zürcher Ausgabe – benutzt. Die römische Ziffer nennt die Bandnummer, die arabische die Seitenzahl. Aus Einzelwerken wird nur zitiert, soweit sie nicht in die GW aufgenommen sind. Hierbei verwendete Abkürzungen: StP = Straßburger Predigten; EP = Ethische Predigten («Was sollen wir tun?»).

Bei der Sekundärliteratur werden der Verfassername und die Seitenzahl genannt. Der volle Titel der verwendeten Schrift ist im Literaturverzeichnis zu finden. Enthält es mehrere Arbeiten eines Autors, so wird mit unterscheidender Kurzform oder mit vollständiger Angabe zitiert. Mehrfach benutzte Abkürzungen: Rbf = Rundbrief für den Freundeskreis von AS (Bundesrepublik Deutschland); BL = Berichte aus Lambarene (Schweiz).

1 AS – Mensch und Werk, 130/ 2 GW I, 419–422/ 3 GW I, 436/ 4 Steffahn, Tagebuch, ungedruckt/ 5 22. Rbf 1963, 94/ 6 22. Rbf 1963, 96/ 7 C. Jacobi, 61/ 8 Brodmann, 12/ 9 Brodmann, 14/ 10 Brodmann, 22/ 11 Steffahn, Tagebuch/ 12 Ebd./ 13 Ebd. / 14 StP 146/ 15 10. Rbf 1956, 42/ 16 Brodmann, Zürcher Woche 17. 1. 1964/ 17 Franck, Der Spiegel 4/1960, 45/ 18 C. Jacobi, 61/ 19 41. Rbf 1976, 45/ 20 23. Rbf 1964, 51/ 21 GW II, 381/ 22 GW V, 131/ 23 EP 49/ 24 EP 50/ 25 GW II, 388/ 26 Privatmitt. und passim/ 27 C. Jacobi, 66/ 28 BL 28/1964, 24/ 29 Oswald, 176/ 30 Steffahn, Tagebuch/ 31 Steffahn, Du aber . . ., 185/ 32 Oswald, 157/ 33 Steffahn, Tagebuch/ 34 Ebd./ 35 Ebd./ 36 GW I, 302/ 37 Steffahn, Tagebuch/ 38 Ebd./ 39 GW I, 23/ 40 Alle Zitate aus: dtv-Augenzeugen-Berichte Bd. 1262, 357f, 364f, 367/ 41 Oswald, 10/ 42 GW I, 27/ 43 GW I, 79/ 44 Ebd./ 45 GW I, 213/ 46 GW I, 295/ 47 GW I, 281/ 48 GW I, 256/ 49 Ebd./ 50 GW I, 265/ 51 GW I, 264/ 52 GW I, 24/ 53 GW I, 270/ 54 GW I, 297, 299, 270f/ 55 GW I, 275/ 56 GW I, 275f/ 57 GW I, 270f/ 58 GW I, 278/ 59 GW I, 283/ 60 GW I, 284/ 61 GW I, 292/ 62 Ebd./ 63 GW I, 293/ 64 GW I, 297/ 65 GW I, 296/ 66 GW I, 284/ 67 GW I, 285f/ 68 GW I, 25/ 69 GW I, 302/ 70 Oswald, 10/ 71 Minder, Südd. Zeitung, 16./17. 1. 1965/ 72 Ebd./ 73 Ebd./ 74 GW I, 268f/ 75 Mit allem folgenden: GW I, 303–313/ 76 Steffahn, Du aber . . ., 213f/ 77 In: Tübinger Studien zur Gesch. u. Politik 14/1961, 61f/ 78 AS – Mensch und Werk, 118/ 79 GW I, 301/ 80 GW I, 28f/ 81 GW I, 30/ 82 GW I, 59/ 83 Groos, 81/ 84 GW I, 64/ 85 GW III, 43f/ 86 GW III, 873/ 87 GW III, 874–887/ 88 Groos, 253/ 89 Picht, 67/ 90 GW III, 32f/ 91 GW I, 45/ 92 Steffahn, Du aber . . ., 43/ 93 StP 94/ 94 GW I, 68/ 95 Groos, 475, 496/ 96 An Erwin Jacobi/ 97 GW V, 133/ 98 GW I, 77/ 99 GW I, 78/ 100 GW I, 82/ 101 GW

I, 82f/ 102 GW I, 83/ 103 GW I, 84/ 104 Ebd. und Bach, 827/ 105 38./339. Rbf 1974, 67f/ 106 Die folgenden Gedanken, bis: «für die Orgel begeistert», orientieren sich vorwiegend an Rainer Noll/ 107 E. Jacobi, AS u. die Musik, 16/ 108 Ebd., 5/ 109 Ebd., 23/ 110 GW I, 93/ 111 GW I, 86/ 112 GW I, 88/ 113 GW I, 89/ 114 GW I, 93f/ 115 Anderson/Exman, 113/ 116 GW I, 94/ 117 BW I, 87/ 118 GW I, 91/ 119 GW I, 91f/ 120 E. Jacobi, AS u. die Musik, 6/ 121 Ebd., 20/ 122 GW I, 266/ 123 GW I, 32f/ 124 GW I, 271/ 125 GW V, 469/ 126 Minder, 24. Rbf 1964, 35/ 127 E. Jacobi, AS u. die Musik, 30/ 128 Zusammenfassend Groos, 606–636/ 129 GW I, 40/ 130 GW I, 41/ 131 GW I, 39f/ 132 41. Rbf 1976, 55/ 133 An den Verf./ 134 GW I, 158f/ 135 GW I, 98f/ 136 GW I, 299/ 137 GW I, 99/ 138 Ebd./ 139 GW I, 100f/ 140 GW I, 101/ 141 GW I, 101f/ 142 GW I, 288f/ 143 GW I, 108f/ 144 Briefzitate aus: 41. Rbf 1976, 51ff/ 145 In Französisch, übersetzt von Gustave Woytt/ 146 6. Rbf 1954, 41/ 147 GW I, 288/ 148 GW I, 111/ 149 AS 1875–1975 (Katalog), 18/ 150 GW I, 111/ 151 Heuss-Knapp, 63/ 152 GW I, 104/ 153 StP 50/ 154 StP 49/ 155 StP 49f/ 156 StP 54/ 157 GW I, 112/ 158 GW I, 118/ 159 GW I, 118f/ 160 41. Rbf 1976, 55/ 161 Ebd./ 162 GW I, 120, 122/ 163 An Margit Jacobi; AS – Unveröffentl. Briefe, 16/ 164 GW I, 123/ 165 Ebd./ 166 GW I, 102/ 167 Oswald, 69/ 168 Heuss-Knapp, 64/ 169 Oswald, 70/ 170 GW I, 214/ 171 41. Rbf 1976, 52/ 172 22. Rbf 1963, 94/ 173 GW I, 150f/ 174 GW I, 151/ 175 Ebd./ 176 Ebd./ 177 GW I, 352/ 178 GW I, 153/ 179 GW I, 347/ 180 GW I, 152/ 181 GW I, 320f/ 182 GW I, 377/ 183 GW I, 585f/ 184 GW I, 662f/ 185 GW I, 401f/ 186 GW I, 378/ 187 GW I, 626f/ 188 41. Rbf 1976, 35/ 189 Müller, 7f/ 190 GW I, 473/ 191 GW I, 608f/ 192 GW II, 302/ 193 GW I, 159f/ 194 GW I, 161/ 195 GW V, 151/ 196 GW V, 152/ 197 GW II, 26/ 198 Ebd./ 199 GW I, 165f/ 200 GW I, 166/ 201 Steffahn, Du aber . . ., 215/ 202 GW I, 168/ 203 GW II, 105/ 204 GW I, 168f/ 205 Picht, 109/ 206 Cousins, 65f/ 207 GW I, 169/ 208 GW V, 181f/ 209 Picht, 43/ 210 StP 118f/ 211 6. Rbf 1954, 41/ 212 41. Rbf 1976, 55/ 213 GW II, 362f/ 214 GW II, 363/ 215 GW II, 389f/ 216 Barth, 398/ 217 Picht, 130f/ 218 Überblick bei Groos, 519–606/ 219 GW I, 272/ 220 Zum folgenden: Steffahn, Du aber . . ., 224f/ 221 GW II, 112/ 222 Schweiz. Reform. Volksblatt, Apr. 1967/ 223 Brief an Picht, 201/ 224 Baur, Ethik, 4/ 225 GW II, 379/ 226 AS – Mensch und Werk, 37/ 227 GW II, 41/ 228 GW I, 228/ 229 GW II, 417/ 230 GW II, 399/ 231 C. Jacobi, 50/ 232 GW II, 393f/ 233 Schütz, 61/ 234 Ebd./ 235 Briefe aus dem Lambarene-Spital, 62f/ 236 GW I, 195f/ 237 C. Jacobi, 51/ 238 Fechotte, in: AS – Genie der Menschlichkeit, 23/ 239 Ebd., 24/ 240 GW I, 222/ 241 Picht, 175/ 242 GW V, 469/ 243 GW V, 470–473/ 244 GW V, 474f/ 245 GW V, 476/ 246 GW IV, 509f/ 247 Steffahn, Du aber . . ., 212/ 248 GW I, 246/ 249 GW I, 231/ 250 GW I, 249, 251/ 251 GW I, 250/ 252 20. Rbf. 1962, 53/ 253 Winnubst, 47–53/ 254 Spear, Ethik, Grundlinien, 25/ 255 Ebd./ 256 Ebd., 27/ 257 GW V, 373/ 258 Cousins, 95/ 259 Ebd., 98/ 260 Ebd., 97/ 261 Ebd., 95/ 262 Ebd., 105/ 263 Ebd./ 264 Ebd., 115/ 265 GW V, 570, 572f, 575f/ 266 GW V, 565/ 267 GW V, 576f/ 268 GW V, 581/ 269 Winnubst, 20/ 270 44. Rbf 1977, 62.

Zeittafel

1875	14. Januar: Albert Schweitzer in Kaysersberg/Oberelsaß geboren. Übersiedlung nach Günsbach. Vater: Ludwig Schweitzer, Pfarrer, (1846–1925), Mutter: Adele, geb. Schillinger (1841–1916). Vier Geschwister: Luise (1873–1927), Adele 1876–1969), Marguerite (1877–1959), Paul (1882–1967). Der erste bekannte Vorfahre: Johann Schweitzer in Frankfurt a. M., 17. Jahrhundert. Sein Sohn Johann Nikolaus wanderte nach dem Dreißigjährigen Krieg ins Elsaß aus. Seither lebten die Schweitzers dort
1880–1884	Besuch der Dorfschule in Günsbach
1884/1885	Realschule in Münster/Elsaß
1885–1893	Gymnasium in Mülhausen. Klavier- und Orgelunterricht bei Eugen Münch. – 18. Juni 1893: Abitur
1893	Oktober: Studium der Theologie und Philosophie in Straßburg begonnen. Orgelunterricht bei Charles Marie Widor in Paris
1894/1895	Militärjahr beim Infanterieregiment 143 in Straßburg
1896	Pfingsten: Entschluß zu einem Beruf menschlichen Dienens nach dem 30. Lebensjahr
1898	6. Mai: Erstes theologisches Examen. Lehrvikar
1898/1899	Wintersemester: Philosophie und Musik in Paris. Kant-Dissertation
1899	Frühjahr/Sommer: Philosophie-Studien in Berlin. – 2. August: Promotion zum Dr. phil.
1900	15. Juli: Zweite theologische Prüfung. – 21. Juli: Lizentiaten-(= Doktor-)Examen mit einer Dissertation über das Abendmahlsproblem. – 14. November: Vikar an St. Nicolai
1902	1. März: Habilitation an der evang.-theologischen Fakultät in Straßburg. Habilitationsschrift über *Das Messianitäts- und Leidensgeheimnis* (1901)
1904	Herbst: Ein Aufruf über die Not der Kongomission entscheidet über die Richtung des Dienstberufs
1905	*J. S. Bach, le musicien-poète.* – 13. Oktober: Mitteilung über die Absicht, Urwaldarzt zu werden. Beginn des Medizinstudiums
1906	*Deutsche und französische Orgelbaukunst und Orgelkunst; Von Reimarus zu Wrede*
1908	14. Mai: Physikum*. *J. S. Bach*

* Soweit Datenangaben den Selbstzeugnissen widersprechen, sind sie nach dem Forschungsstand korrigiert.

1909	*Internationales Regulativ für Orgelbau* (mit F. X. Mathias)
1910	3. Dezember: Abschluß des medizinischen Staatsexamens
1911/1912	Ärztliches Praktikum. *Geschichte der paulinischen Forschung*
1912	11. Februar: Ärztliche Approbation. – Frühjahr: Aufgabe des Predigtamtes. – 18. Juni: Eheschließung mit Helene Breßlau (geboren 25. Januar 1879 in Berlin). – 14. Dezember: Professor-Titel von seiten des kaiserlichen Statthalters wegen der «anerkennenswerten wissenschaftlichen Leistungen»
1913	März: Promotion zum Dr. med. mit einer Dissertation über *Die psychiatrische Beurteilung Jesu*. Abschluß der erweiterten *Geschichte der Leben-Jesu-Forschung*. – 21. März: Abreise aus Günsbach nach Afrika (mit Helene). – 4. April: Ausscheiden aus dem Lehrkörper der Universität durch schriftlichen Verzicht auf die Venia legendi, da die Fakultät eine Beurlaubung abgelehnt hatte. – 16. April: Ankunft in Lambarene
1913–1917	Erster Aufenthalt in Afrika
1915	September: Schweitzer findet den Begriff der *Ehrfurcht vor dem Leben*. Arbeit an der *Kulturphilosophie*
1916	3. Juli: Tödliche Verletzungen der vierundsiebzigjährigen Mutter durch ein scheuendes Militärpferd
1917	September: Rücktransport nach Europa. Internierung in Bordeaux. Schweitzer bekommt eine Dysenterie
1917/1918	Herbst–Sommer: Internierungslager Garaison (Pyrenäen) und St. Rémy (Provence)
1918	Juli: Rückkehr ins Elsaß. – 1. September: Darmoperation durch Prof. Stoltz. Anschließend erneutes Vikariat an St. Nicolai und Assistenzarztstelle an der Hautklinik des Bürgerspitals
1919	14. Januar: Tochter Rhena geboren. – Februar: Doppelpredigt über die *Ehrfurcht vor dem Leben*. – Sommer: Zweite Operation. – Oktober: Erstes Nachkriegs-Orgelkonzert in Barcelona. – Dezember: Einladung durch den schwedischen Erzbischof Söderblom zu Vorlesungen in Uppsala
1920	Frühjahr–Sommer: Schweden-Reise. Vorlesungen, Vorträge, Orgelkonzerte. Abzahlung der Schulden. Entschluß, die Arbeit in Lambarene fortzusetzen. *Zwischen Wasser und Urwald*
1921	April: Aufgabe der beiden Stellungen in Straßburg. Freie schriftstellerische und künstlerische Arbeit
1921/1922	Konzert- und Vortragsreisen in die Schweiz (dreimal), nach Schweden (zweimal), nach England und Dänemark. Arbeit an der *Kulturphilosophie* in Günsbach
1923	Januar: Kulturphilosophische Vorlesungen an der Universität Prag. *Verfall und Wiederaufbau der Kultur; Kultur und Ethik; Das Christentum und die Weltreligionen*. Hausbau für Helene und Rhena in Königsfeld/Schwarzwald. – Herbst: Kurse für Geburtshilfe und Zahnheilkunde in Straßburg, für Tropenmedizin in Hamburg
1924	*Aus meiner Kindheit und Jugendzeit.* – 21. Februar: Zweite Ausreise nach Afrika, ohne Helene
1925	5. Mai: Tod des Vaters, neunundsiebzigjährig. – 18. Juli: Mathilde Kottmann, Elsässerin, kommt als erste Pflegerin. – 19. Oktober:

	Viktor Neßmann, Elsässer, kommt als erster Arzt. – Herbst: Beginn der Rodungsarbeiten für ein größeres Spital
1927	21. Januar: Umzug in die neuen Baracken. – 21. Juli: Rückfahrt nach Europa
1927–1929	Konzerte und Vorträge in Schweden, Dänemark, Holland, der Schweiz, Deutschland, der Tschechoslowakei, Schallplattenaufnahmen in London
1928	28. August: Goethepreis der Stadt Frankfurt. Erste Goethe-Rede
1929	September: Ein deutscher Freundeskreis entsteht in Ansätzen. Initiatoren Richard Kik in Ulm u. a. Aufruf, man wolle Schweitzer «lesen, lehren, lieben und leben». Fertigstellung des Günsbacher Hauses (vom Goethepreis)
1930/1931	Drittes Wirken in Lambarene (zwei volle Jahre). Frau Schweitzer muß schon zu Ostern 1930 aus Gesundheitsgründen zurück
1930	Ablehnung eines Rufes an die Universität Leipzig (theologische Fakultät). *Die Mystik des Apostels Paulus*
1931	*Aus meinem Leben und Denken*
1932	22. März: Gedenkrede zu Goethes 100. Todestag in Frankfurt. – 9. Juli: Vortrag *Goethe als Denker und Mensch* in Ulm. – Vorträge und Konzerte in Deutschland, Holland, England
1933–1934	April – Januar: Viertes Wirken in Afrika
1934	Oktober/November: Religionsphilosophische Vorlesungen in Oxford und Edinburgh
1935	Februar–August: Zum fünftenmal in Lambarene. – August: Zweiter Teil der Vorlesungen in Edinburgh. – Dezember: Schallplatten-Einspielungen in London. – *Die Weltanschauung der indischen Denker*
1936	Oktober: Schallplatten-Einspielungen in Straßburg
1937–1939	Februar–Januar: Sechster Lambarene-Aufenthalt
1938	*Afrikanische Geschichten*
1939	Wegen des Eindrucks drohender Kriegsgefahr nur zwölftägiger Aufenthalt im Elsaß. Regelung der wichtigsten Angelegenheiten
1939–1948	Neuneinhalb ununterbrochene Lambarene-Jahre (siebenter Aufenthalt)
1940	Oktober/November: Kämpfe um den Ort Lambarene zwischen Truppen de Gaulles und der Vichy-Regierung. Beide Seiten schonen das Spital
1941	2. August: Helene trifft ein nach schwieriger Reise über Angola, bleibt bis September 1946
1942	Frühjahr: Erste Hilfssendung, vor allem Medikamente, aus den USA
1948	24. Oktober: Ankunft in Bordeaux
1949	8. Juli: Festrede zum 200. Geburtstag Goethes in Aspen/Colorado. *Goethe, der Mensch und das Werk*
1949–1951	November–Mai: Achtes Wirken in Lambarene, bis Juni 1950 zusammen mit Helene
1950	*Goethe. Vier Reden; Ein Pelikan erzählt aus seinem Leben*
1951	16. September: Friedenspreis des deutschen Buchhandels in der Paulskirche. – Oktober/November: In Schweden
1951/1952	Dezember–Juli: Neuntes Wirken in Lambarene

1952	September: Schallplattenaufnahmen in Günsbach. – 30. September: Empfang der Paracelsus-Medaille (erste medizinische Ehrung). – Schweitzer sitzt wiederholt Modell für Fritz Behn (auch 1954): Zeichnungen, Ölbilder, Tonbüsten. – 20. Dezember: Schweitzer, als Nachfolger Pétains in die Académie des sciences morales et politiques gewählt, spricht über *Das Problem der Ethik in der Höherentwicklung des menschlichen Denkens*
1952–1954	Dezember–Mai: Zum zehntenmal in Lambarene
1953	Mai: Beginn der Arbeiten für eine Leprösensiedlung dicht beim Spital. – Oktober: Friedensnobelpreis rückwirkend für 1952 an Albert Schweitzer. Die Preissumme erlaubt ein Lepradorf «aus einem Guß»
1954	28./29. Juli: Bach-Gedenkkonzert in der Straßburger Thomaskirche. Letztes öffentliches Auftreten als Organist. – 4. November: Entgegennahme des Friedensnobelpreises in Oslo (mit Helene). *Das Problem des Friedens in der heutigen Welt*
1954/1955	Dezember–Juli: Elftes Wirken in Lambarene (mit Helene)
1955	Mai: Fertigstellung des Lepradorfes. – Herbst: Besuche in England, Paris, Deutschland, der Schweiz. – 11. November: Entgegennahme der Insignien des Ordens Pour le mérite (Friedensklasse) in Bonn
1956/1957	Januar–Juli: Zwölfter Lambarene-Aufenthalt (mit Helene)
1956–1961	In Japan entsteht die erste Gesamtausgabe der Werke Schweitzers (19 Bände)
1957	23. April: Aufruf des Urwalddoktors gegen die Gefahren der Kernwaffenversuche, gesendet von Radio Oslo. – 22. Mai: Helene Schweitzer verläßt Lambarene. – 1. Juni: Sie stirbt achtundsiebzigjährig in Zürich. – Beim spätsommerlichen Europa-Aufenthalt starke Behinderung wegen Bruchs des rechten Mittelhandknochens
1957–1959	Dezember–August: Zum dreizehntenmal in Lambarene
1958	25. Januar: Schweitzer setzt ein weißes Steinkreuz mit eigenhändig eingeritzten Lebensdaten auf das Urnengrab seiner Frau. – 28./29./30. April: Drei Radioappelle über Sender Oslo gegen die Atomgefahren. *Friede oder Atomkrieg*
1959	Oktober: Nach Entgegennahme des Sonningpreises in Kopenhagen (*jeder Pfennig wird Lambarene zugute kommen*) letzte Deutschland-Reise. – November: Dreiwöchiger Paris-Aufenthalt mit Abstechern nach Brüssel und Rotterdam. – 9. Dezember: Der Vierundachtzigjährige verläßt Europa für immer – ohne dies zu ahnen. In den folgenden Jahren werden Reisen geplant, aber nicht ausgeführt
1960	23. Juli: Erste Briefmarke der neuen Republik Gabon mit dem Porträt Schweitzers
1963	18. April: Feier zum Goldenen Afrika-Jubiläum (Stichtag: 16. April)
1965	14. Januar: 90. Geburtstag, Besucher aus aller Welt. – Frühjahr und Sommer: Bauten, Korrespondenz, Abschluß der kritischen Ausgabe *J. S. Bachs Präludien und Fugen für Orgel.* – 27. August: Letzter Brief: *Gesundheitlich geht es mir gut.* In den folgenden Tagen zunehmende Ermattung. – 4. September: Albert Schweitzer stirbt vor Mitternacht.

Zeugnisse

Albrecht Haushofer

Den Arzt von Lambarene kenn ich nicht,
der Orgel spielt, den Meister Bach versteht,
als Deutender durch Christi Leben geht,
der Inder Denken prüft im klaren Licht.

Nun lebt er, in der Ferne lang verweilend,
am dunklen Kongo. Gerne fragt ich ihn,
warum er sich dem Abendland entzieh'n,
sich läutern mußte, kranke Neger heilend.

Ich wüßt ihn gerne frei von allem Streit. –
Vielleicht verwies er auf des Herzens Drang,
das ihn zu Dienst in schlichter Güte zwang,

vielleicht verwies er auf die wirre Zeit,
vielleicht auch lächelt er: Du blinder Tor!
und spielte mir die «Kunst der Fuge» vor.   *«Moabiter Sonette». 1944/45*

Hermann Hesse
Von allem aber, was der große Kamerad geschrieben hat, liebe ich am meisten seine Kindheits- und Jugenderinnerungen. In diesen unvergeßlichen Seiten, in denen Schweitzer schlicht von seinen Herkünften und ersten Lebensjahren erzählt, spürt man konzentriert das ganze Erbe enthalten, das er angetreten und so vorbildlich verwaltet hat. Und es weht da eine Innigkeit und Wärme des Herzens, die einen an die schönsten Kindheitsgeschichten deutscher Sprache, etwa die von Jung-Stilling, erinnert.   *Festschrift-Beitrag, 1955*

Albert Einstein
Nicht gepredigt und gewarnt hat er und nicht geträumt davon, daß sein Beispiel Vorbild und Trost für Unzählige werde. Einfach aus innerer Notwendigkeit heraus hat er gehandelt. Am Ende muß doch ein unzer-

störbarer guter Kern in vielen sein, sonst hätten sie nie seine schlichte
Größe erkannt. *Festschrift-Beitrag, 1955*

Claus Jacobi
Er sieht aus wie ein naher Verwandter des lieben Gottes.
«Der Spiegel», 21. Dezember 1960

Karl Barth
Könnte Theologie nicht eine Luxusbeschäftigung, können wir mit ihr nicht auf der Flucht vor dem lebendigen Gott begriffen sein? Könnte ein so problematischer Theologe wie Albert Schweitzer nicht – immer gerade vom Gegenstand der Theologie her gesehen – das bessere Teil erwählt haben und mit ihm die ersten besten, die da und dort ohne alle theologische Besinnung versucht haben, Wunden zu heilen, Hungrige zu speisen, Durstige zu tränken, elternlosen Kindern eine Heimat zu bereiten? *Aus letzten Vorlesungen, 1961/62*

Theodor Litt
Die ohnegleichen dastehende Verehrung, die ihm von allen Seiten entgegengebracht wird, hat zur letzten Grundlage die Überzeugung, daß er wie nur wenige die Heilkräfte in sich versammelt und verkörpert, die einzig und allein die Menschheit aus ihrer schweren Daseinskrisis emporzureißen vermögen . . . Man muß die ganze Verzweiflung am Menschen ausgekostet haben, die den ins gegenwärtige Weltgeschehen Verstrickten ergreifen kann, um die Größe des Geschenkes zu ermessen, das uns mit Leben und Werk dieses Mannes zuteil geworden ist.
Sammelschrift-Beitrag, 1962

Jean-Paul Sartre
Wir haben oft dieselben Ziele, ohne dieselben Verhaltensweisen zu haben, und das ist die Bedingung für einen fruchtbaren Dialog. Du hast große Erfahrung mit den unterentwickelten Ländern . . . und oft würde ich Dich gern darüber befragen. Ich bin auch sehr glücklich, daß Du Deine große Autorität in den Dienst für den Frieden gestellt hast. Jedesmal, wenn Dein Name zwischen denen erscheint, die gegen den Atomkrieg kämpfen, fühle ich mich Dir nahe. *Brief vom 15. April 1962*

Helmut Thielicke
Unsere Jugend, die in ihrer Substanz beglückend gesund und gerade geblieben ist, möchte verehren wie eh und je. Auch sie hat Fackeln, die sie gerne entzünden möchte. Aber sie besteht aus gebrannten Kindern, und

sie weiß, wenn der Bildersalat, der täglich von Plakatsäulen und aus Magazinen auf sie einquillt, nur eine Spur von Aussagekraft hat, dann gibt es wenig oder gar nichts, was in dieser Welt den Anspruch erheben kann, ernst genommen zu werden.

Diese Stimme des Predigers aus dem Urwald aber ist anders. Ihr kann man glauben, weil Aussage und Existenz kongruent sind. Es ist das Wunder der Glaubwürdigkeit, das sich hier ereignet. Man braucht nichts zu idealisieren, und man kann den alten Mann mit Gebrumm und Launen und Absonderlichkeiten lassen, wie er ist. Man braucht auch nicht alles nachzusprechen, was er sagt (sofern man es überhaupt versteht): die Kongruenz, die Kongruenz ist die Pointe dieses Lebens.

«Die Welt», 14. Januar 1965

Leon M'Ba
Der Gabon ist stolz auf seinen großen Adoptivsohn Albert Schweitzer.
Nachruf des Staatspräsidenten, 15. September 1965

Carl J. Burckhardt
Ist es nicht ein Hoffnung verleihendes Zeichen, daß inmitten von nie dagewesener Zerstörungswut sein Aufruf zur Lebensverehrung in einem Geschlecht, von dessen Nihilismus man uns immer wieder berichtet, überall eine hingerissene Gefolgschaft sein eigen nennen durfte, eine Gefolgschaft, erfüllt vom brennenden Wunsch nach Frieden und nach einem rettenden Humanitarismus? *Gedenkrede, 1966*

Robert Minder
Die enorme angeborene Kraftfülle fand ihr Gegengewicht in einem von sieben Generationen Schulmeistern, Kantoren, Landpfarrern tradierten Sinn für Disziplin, wobei Selbstdisziplin mit an erster Stelle stand und sich bei Schweitzer mit einer ganz besonderen Sensibilität verband. Die Beispiele ließen sich häufen von einer Gutmütigkeit, die ihm selber mehr als einmal geschadet und zum Mißbrauch seines Namens geführt hat. Andere hingegen berichten von der Härte seiner Anforderung, dem Starrsinn eines unzugänglichen Besserwissers, und liefern Belege dafür. Ein Gesamtbild entsteht erst aus der richtigen Proportionierung der divergenten Züge. «Gebändigte Kraft»: das war das Ziel von Anfang an, und das gibt den Altersphotographien die vollendete Prägung. Kein Michael Kohlhaas und kein Ekstatiker – ein Mann des Ausgleichs, der es als «zugewiesenes Schicksal» empfand, «ohne Polemik durch die Welt zu gehen – meine Leidenschaft hätte mich sonst zu weit hingerissen». Widerstände überwand er bald durch ein hochentwickeltes diplomatisches Geschick . . . bald ertrug er sie stoisch als unvermeidbare Prüfung eines der Gewaltlosigkeit willensmäßig Verschriebenen.

In: «Rayonnement». 1975

Bibliographie

Eine Gesamtausgabe in deutscher Sprache fehlt bisher. Nachlaßeditionen stehen vor allem im Programm des Verlages Lambert Schneider-Lothar Stiehm, Heidelberg. Zunächst sollen sechs Bände erscheinen.

Der Inhalt von Sammelschriften über Schweitzer wird wegen deren Vielzahl nicht noch einmal detailliert aufgeführt. Ebenso bleiben die kaum mehr zuverlässig überschaubaren Übersetzungen der deutschen Werke Schweitzers in andere Sprachen im Literaturverzeichnis unberücksichtigt.

Diejenigen Werke von AS, denen Textstücke oder Zitate für die Bildmonographie entnommen wurden, sind mit einem Stern versehen.

Abkürzungen: Rbf = Rundbrief für den Freundeskreis von AS (Bundesrepublik Deutschland); BL = Berichte aus Lambarene (Schweiz).

A) Von Albert Schweitzer
1. Werksammlungen, bibliographische Hilfsmittel

Gesamtausgabe, japanisch, 19 Bände. Tokio 1956–1961
* Gesammelte Werke in fünf Bänden. Hg. von RUDOLF GRABS. Berlin (Ost) 1971–2. Aufl. 1975; Zürich o. J. [1974]; München 1974
* Die Lehre von der Ehrfurcht vor dem Leben. Grundtexte aus fünf Jahrzehnten. Hg. von HANS WALTER BÄHR. München 1966–2. Aufl. 1976

AMADOU, ROBERT: AS–Eléments de Biographie et de Bibliographie. Paris 1952 [Mit umfassendem Literaturverzeichnis bis 1952]
AS 1875–1975 [Katalog (frz.-dt.) zu Ausstellungen in der National- und Universitätsbibliothek Straßburg, in der Stadtbibliothek Colmar und im Oberrheinischen Dichtermuseum Karlsruhe. Mai–Sept. 1975]. Straßburg 1975
Die Konzerttätigkeit von AS, einschließlich seiner Plattenaufnahmen und seiner Vorträge über Joh. Seb. Bach. Zusammengestellt von ERWIN R. JACOBI. Zürich [Maschr. Mai] 1976

2. Einzelwerke

a) Theologie
[Beiträge zum Evang.-Protestant. Kirchenboten für Elsaß-Lothringen (1900–1921)]
Das Abendmahlsproblem auf Grund der wissenschaftlichen Forschung des 19. Jahrhunderts und der historischen Berichte. Tübingen 1901–2. Aufl. 1929 [Ursprünglicher Titel: Kritische Darstellung unterschiedlicher neuerer historischer Abendmahls-Auffassungen. Freiburg 1901]
Das Messianitäts- und Leidensgeheimnis. Eine Skizze des Lebens Jesu. Tübingen 1901–3. Aufl. 1956
* Von Reimarus zu Wrede. Eine Geschichte der Leben-Jesu-Forschung. Tübingen 1906
Geschichte der paulinischen Forschung von der Reformation bis auf die Gegenwart. Tübingen 1911
* Geschichte der Leben-Jesu-Forschung. [Erweiterte Fassung von 1906] Tübingen 1913–6. Aufl., mit neuer Vorrede, 1951. Taschenbuch, 2 Bde., Gütersloh 1966–3. Aufl. 1977
Das Christentum und die Weltreligionen. München 1923–Neuausg. 1962
* Die Mystik des Apostels Paulus. Tübingen 1930–2. Aufl. 1954
Gottesdienst im Spital zu Lambarene. In: Schweizerisches Protestantenblatt, 1930

* Die Idee des Reiches Gottes im Verlaufe der Umbildung des eschatologischen Glaubens in den uneschatologischen. In: Schweizerische Theologische Umschau 1/2 (1953)
* Straßburger Predigten [1900–1919]. Hg. von ULRICH NEUENSCHWANDER. München 1966

Reich Gottes und Christentum. Hg. von ULRICH NEUENSCHWANDER. Tübingen 1967
* Was sollen wir tun? 12 Predigten über ethische Probleme [1919]. Hg. von MARTIN STREGE und LOTHAR STIEHM. Heidelberg 1974

b) Musik

Eugène Munch. Mülhausen 1898 [Anonym] – Dt. Übersetzung von Erhard Mitschek. In: 37. Rbf 1973

Einführung in die Trauerode und in die Johannespassion. Straßburg 1902. In: ERWIN R. JACOBI, AS und die Musik. Wiesbaden 1975

Übersetzung, anonym, des Werkes von Marie Jaëll: Le Toucher. Enseignement du piano basé sur la physiologie. Bd. 1. Paris 1895 – Dt. Ausgabe: Neues Klavierstudium auf physiologischer Grundlage. Leipzig 1902

J. S. Bach, le musicien-poète. Paris–Leipzig 1905
* Was ist mir Johann Sebastian Bach und was bedeutet er für unsere Zeit? In: Die Musik 1905/06

Deutsche und französische Orgelbaukunst und Orgelkunst. Leipzig 1906 – Erw. Neuaufl. 1927
* J. S. Bach. Leipzig 1908 – 13. Aufl. 1977

Von Bachs Persönlichkeit und Kunst. [Vortrag in Barcelona 1908]. In: Rundbr. des AS-Komitees in der DDR 31/1977, 32/1978, mit Erläuterungen von ERWIN R. JACOBI

Internationales Regulativ für Orgelbau. Wien–Leipzig 1909
  Ausführungen zum selben Thema:
  Die Reform unseres Orgelbaus auf Grund einer allgemeinen Umfrage bei Orgelspielern und Orgelbauern in deutschen und romanischen Ländern. In: Bericht des 3. Kongresses der Internationalen Musik-Gesellschaft. Wien 1909
  Zur Diskussion über Orgelbau [1914]. Hg. von ERWIN R. JACOBI. In: Documenta Organologica Bd. 1. Berlin 1977
  Zur Reform des Orgelbaus. In: Monatsschrift für Gottesdienst und kirchliche Kunst, 1927, S. 148–154
  Gutachten über die Orgel zu St. Jacobi in Hamburg, 1928. In: KARL MEHRKENS, Die Schnitger-Orgel in der Hauptkirche St. Jacobi zu Hamburg. Kassel 1930

Theodor Gerolds «Sängerfibel» und die Hebung des volkstümlichen Chorgesangs. In: Elsaß-Lothringische Gesang- und Musikzeitung 10 (1909)

Die Straßburger Sängerhausorgel. Straßburg 1909 [Anonym]

Über die Wiedergabe der Präludien und Fugen für Orgel von J. S. Bach (mit CHARLES MARIE WIDOR). In: Die Orgel 7 (1910)

Wie sind J. S. Bachs Präludien und Fugen auf unseren modernen Orgeln zu registrieren? In: Die Musik, 1910/11

Johann Sebastian Bach. Complete Organ Works. A critico-practical edition in eight volumes. Provided with a preface . . . and suggestions for the interpretation . . . by CH. M. WIDOR and AS (Bd. I–V); by EDOUARD NIES-BERGER and AS (Bd. VI–VIII). New York 1913–1967 – Deutsche Ausgabe: Bd. I–V New York 1912 – Französische Ausgabe: Bd. I–III New-York–London 1914–1924

Johann Sebastian Bachs Künstlerpersönlichkeit. In: Die Musikwelt, Bach-Heft, 9 (1921)

Warum es so schwer ist, in Paris einen guten Chor zusammenzubringen. Eine sozial-musikalische Studie. In: Die Musik 6 (1927)

Einführung in das Schaffen Bachs. In: Klassiker der Tonkunst. Ausgabe ausgewählter Klavierwerke von J. S. Bach. Hg. von H. NEUMAYR. Wien 1929

Die Sängerin Aglaja Orgeni. In: Münchner Neueste Nachrichten, 11. 9. 1931

Siegfried Ochs als Bach-Interpret. In: Philharmonischer Chor Berlin 1882–1932. Festprogramm Dez. 1932

Der runde Violinbogen. In: Schweizerische Musikzeitung 6 (1933)
  Ausführungen zum selben Thema:
  Der für Bachs Werke für Violine solo erforderliche Geigenbogen.
  In: Bach-Gedenkschrift 1950. Hg. von KARL MATTHAEI. Zürich 1950
  Der Geigenbogen für polyphones Spiel. Zur Frage der Wiedergabe der Werke Bachs für Violine solo. In: Der Musikstudent 5 (1952)

Mes souvenirs sur Cosima Wagner. In: L'Alsace française 7 (1933)

Erinnerungen an Cosima und Siegfried Wagner. In: Programmheft der Bayreuther Festspiele 1955, zum «Fliegenden Holländer». Neudruck 1969

Zur Geschichte des Kirchenchores zu St. Wilhelm
 sowie:
Souvenirs d'Ernest Munch. In: Erik Jung (Hg.), Le Chœur de St. Guillaume de Strasbourg. Un chapitre de l'histoire de la musique en Alsace. Straßburg 1947
Souvenirs et appréciations. In: Un grand musicien français: Marie-Joseph Erb. Straßburg–Paris 1948
A propos de «Bach, le musicien-poète». In: La Revue Internationale de Musique 10 (1951)
Zur Entstehung des Bach-Buches von AS, auf Grund unveröffentlichter Briefe. Von Erwin R. Jacobi. Sonderdruck aus: Bach-Jahrbuch 1975. Berlin (Ost) 1976
AS und Richard Wagner. Eine Dokumentation von Erwin R. Jacobi. In: Schriften der Schweizerischen Richard Wagner-Gesellschaft 3 (1977)

c) Philosophie

Die Religionsphilosophie Kants von der Kritik der reinen Vernunft bis zur Religion innerhalb der Grenzen der bloßen Vernunft. Tübingen 1899 – Neudruck Hildesheim 1974 [Ursprünglicher Titel: Die Religionsphilosophie Kants. I. Teil: Die religionsphilosophische Skizze der Kritik der reinen Vernunft. Tübingen 1899]
Die Philosophie und die allgemeine Bildung im neunzehnten Jahrhundert. In: Georg Wolf (Hg.), Das neunzehnte Jahrhundert. Straßburg 1900
* Kulturphilosophie. I. Verfall und Wiederaufbau der Kultur. II. Kultur und Ethik. München 1923 – Sonderausgabe München 1960
Die Weltanschauung der indischen Denker. München 1935 – 2. Aufl. 1965
Philosophie und Tierschutzbewegung [1950?]. In: Die Lehre von der Ehrfurcht vor dem Leben. Grundtexte aus fünf Jahrzehnten. Hg. von Hans Walter Bähr. München 1966 – 2. Aufl. 1976
Le problème de l'éthique dans l'évolution de la pensée humaine. In: Revue des Travaux de l'Académie des Sciences Morales et Politiques. Paris 1952
* Übersetzung von AS: Das Problem der Ethik in der Höherentwicklung des menschlichen Denkens. In: Die Lehre der Ehrfrucht vor dem Leben. Berlin (Ost) 1969 [Siehe auch Übersetzung von Ilse Weidekampf in: AS – Genie der Menschlichkeit. Frankfurt 1955 (Fischer-Bücherei 83) sowie in: Die Lehre von der Ehrfurcht vor dem Leben. Grundtexte aus fünf Jahrzehnten. Hg. von Hans Walter Bähr. München 1966 – 2. Aufl. 1976]
Die Kraftquellen unseres geistigen Daseins. In: Universitas 5 (1962)
Humanität [1961]. In: Die Lehre von der Ehrfurcht vor dem Leben. Grundtexte aus fünf Jahrzehnten. Hg. von Hans Walter Bähr. München 1966 – 2. Aufl. 1976
* Die Entstehung der Lehre der Ehrfurcht vor dem Leben und ihre Bedeutung für unsere Kultur. [1963]. In: Die Lehre von der Ehrfurcht vor dem Leben. Grundtexte aus fünf Jahrzehnten. Hg. von Hans Walter Bähr. München 1966 – 2. Aufl. 1976

d) Medizin – Lambarene

Die psychiatrische Beurteilung Jesu. Darstellung und Kritik. Tübingen 1913 – 2. Aufl. 1933 [Ursprünglicher Titel: Kritik der von medizinischer Seite veröffentlichten Pathographien über Jesus. Tübingen 1913]
Mitteilungen von Prof. Dr. AS aus Lambarene. 1.–3. Bericht. Straßburg 1913/1914
* Zwischen Wasser und Urwald. Bern 1921. Neuausgabe München 1959 und 1963 in: AS – Selbstzeugnisse
* Mitteilungen aus Lambarene 1924 – 1927. 3 Hefte. Bern 1925. Straßburg 1926/1928. Neuausgabe als: Briefe aus Lambarene. München 1955. Wiederabdruck in: AS – Selbstzeugnisse. München 1959. 2. Aufl. 1963
Gottesdienst im Spital zu Lambarene. Siehe: Theologie
Das Spital im Urwald; mit Aufnahmen von Anna Wildikann. Bern 1948
Ein Pelikan erzählt aus seinem Leben; mit Aufnahmen von Anna Wildikann. Hamburg 1950 – 3. Aufl. 1955
Der Alltag in Lambarene [1958]. In: 15. Rbf 1960
Josephine, das zahme Wildschwein [1923]. In: 24. Rbf 1964
* Briefe aus dem Lambarene-Spital 1930–1954. In: Albert Schweitzer Lambarene. Freundeskreis 1930/57. Hg. von Richard Kik. Heidenheim 1965 (Selbstverlag)
Dr. Schweitzers zweite Ausreise nach Lambarene (1924). Unveröffentlichte Briefe von ihm selbst und von seinem Begleiter Noel A. Gillespie. Mitgeteilt von Erwin R. Jacobi in: Rundbr. des AS-Komitees in der DDR 19–21/1972–73

e) Autobiographie
* Aus meiner Kindheit und Jugendzeit. München 1924 – Neuausgabe München 1959 und 1963 in: AS – Selbstzeugnisse – Neuausgabe 1978 Bern und München

Selbstdarstellung. In: Die Philosophie der Gegenwart in Selbstdarstellungen. Bd. VII. Leipzig 1929
* Aus meinem Leben und Denken. Leipzig 1931 – Neuausg. Frankfurt a. M. 1980

Aus meinem Leben. Radio-Vortrag Köln 20. April 1932. In: Schweizer Monatshefte, Juni 1970

f) Atomgefahr, Frieden
* Appell an die Menschheit. In: 11. Rbf 1957
* Friede oder Atomkrieg. München 1958

Menschlichkeit und Friede [1951]. In: Friedenspreis des Deutschen Buchhandels. Reden und Würdigungen 1951–1960. Frankfurt a. M. 1961

Das Problem des Friedens in der heutigen Welt. München 1954

[Ergänzend: Äußerungen Schweitzers zum Atom- und Friedensproblem.] In: Es geht ums Leben. Der Kampf gegen die Bombe 1945–1965. Eine Dokumentation. Hg. von Günther Heipp. Hamburg 1965

Der Weg des Friedens heute [1963]. In: Die Lehre von der Ehrfurcht vor dem Leben. Grundtexte aus fünf Jahrzehnten. Hg. von Hans Walter Bähr. München 1966 – 2. Aufl. 1976

Mein Wort an die Menschen [1964]. In: BL 30/1967

g) Varia
[Vorträge über deutsche Literatur und Philosophie in Paris um 1900: Nietzsche, Schopenhauer, Hauptmann, Sudermann, Goethes Faust. Ungedruckt]

[Beiträge zum Elsaß-Lothringischen Familien-Kalender (1922–1939)] U. a.: Afrikanische Jagdgeschichten (1926), Ojembo, der Urwaldschulmeister (1929), Vom Regen und schön Wetter auf dem Äquator (1932), Im Lande der Schlangen (1939)

Nochmals Falkenjägerei. In: Atlantis, März 1932

Afrikanische Geschichten. Leipzig 1938 – 2. Aufl. 1938 – Neuausgabe Hamburg 1955

Souvenirs du vieux Colmar. In: Journal d'Alsace et de Lorraine 16./17. 3. 1949; Meine Erinnerungen an das alte Colmar. In: Les Dernières Nouvelles du Haut-Rhin 16.–18. 3. 1949
* Goethe. Vier Reden [1928–1949]. München 1950 – 4. Aufl. 1956

Meine Begegnung mit Rudolf Steiner. In: 37. Rbf 1973
* AS – Unveröffentlichte Briefe an Margit Jacobi. Mitgeteilt von Erwin R. Jacobi. Sonderdruck aus: Librarium. Zeitschr. der Schweizerischen Biblophilen-Gesellschaft 1 (1976)

h) Schallplatten*
Orgelspiel:
1928 London, Orgel der Queen's Hall, für «His Master's Voice»; erschienen 1929:
Joh. Seb. Bach: Präludium und Fuge in e-moll (Bach-Werke-Verz. 533); Choralvorspiele «Wenn wir in höchsten Nöten sind» (BWV 668); «Herzlich tut mich verlangen» (BWV 727); Felix Mendelssohn Bartholdy: Fuge aus Sonata Nr. 6 für Orgel; Finale aus Sonata Nr. 6 für Orgel

1935 London, Orgel von All Hallows, für Columbia; erschienen 1936 mit Begleittext von Harvey Grace. Neudruck mit zusätzlichen Texten und mit der Disposition der Orgel von Charles Enderby. Bach Society-Album I. Überspielung 1964, mit Plattentext von Walter Munz:
Joh. Seb. Bach: Präludium und Fuge in f-moll (BWV 534); Präludium und Fuge in G-Dur (BWV 541); Phantasie und Fuge in g-moll (BWV 542); Präludium und Fuge in C-Dur (BWV 545); Toccata und Fuge in d-moll (BWV 565); Fuge in g-moll (BWV 578)

1936 Straßburg, Orgel von Sainte-Aurélie, für Columbia; erschienen 1937 mit Begleittext (für Bach) von Alec Robertson, Bach Society-Album II und III, sowie mit Plattentext (für César Franck) von Tristram Cary:
Joh. Seb. Bach: Fuge in a-moll (BWV 543); Präludium und Fuge in c-moll (BWV 546); Präludium und Fuge in C-Dur (BWV 547); Präludium und Fuge in e-moll (BWV 548); Choralvorspiele «Christum wir sollen loben schon» (BWV 611); «Mit Fried und Freud . . .» (BWV 616); «Christus, der uns selig macht» (BWV 620); «Da Jesus an dem Kreuze stund» (BWV 621); «O Mensch, bewein' dein Sünde groß» (BWV 622); «Christ lag

* Nach Aufstellungen von Erwin R. Jacobi

in Todesbanden» (BWV 625); «Erschienen ist der herrlich Tag» (BWV 629); «An Wasserflüssen Babylon» (BWV 653 b); «Schmücke dich, o liebe Seele» (BWV 654); «O Lamm Gottes unschuldig» (BWV 656); Jesus Christus unser Heiland» (BWV 665); «Liebster Jesu, wir sind hier» (BWV 731); «Sei gegrüßet Jesu gütig» (BWV 768);
César Franck: Choral No. 1 in E-Dur.

1952 Günsbach, Orgel der Dorfkirche, für Columbia; erschienen 1953 mit Plattentexten von AS:

Joh. Seb. Bach: Präludium in C-Dur (BWV 531); Präludium in D-Dur (BWV 532); Präludium und Fuge in e-moll (BWV 533); Präludium und Fuge in f-moll (BWV 534); Präludium und Fuge in A-Dur (BWV 536); Toccata und Fuge in d-moll, «Dorische» (BWV 538); Präludium und Fuge in G-Dur (BWV 541); Phantasie und Fuge in g-moll (BWV 542); Präludium und Fuge in a-moll (BWV 543); Fuge in a-moll (BWV 543); Präludium und Fuge in h-moll (BWV 544); Präludium und Fuge in c-moll (BWV 546); Präludium und Fuge in C-Dur (BWV 547); Toccata, Adagio und Fuge in C-Dur (BWV 564); Toccata und Fuge in d-moll (BWV 565); Passacaglia in c-moll (BWV 582); Canzona in d-moll (BWV 588); Choralvorspiele «Gelobet seist du, Jesu Christ» (BWV 604); «O Mensch, bewein' dein Sünde groß» (BWV 622); «Ich ruf zu dir, Herr Jesu Christ» (BWV 639); «Alle Menschen müssen sterben» (BWV 643); «Nun komm' der Heiden Heiland» (BWV 659/659 a); «Wenn wir in höchsten Nöten sind» (BWV 668); «Ein' feste Burg» (BWV 720); «Gottes Sohn ist kommen» (BWV 724); «Herzlich tut mich verlangen» (BWV 727); «Liebster Jesu, wir sind hier» (BWV 731); «Vater unser im Himmelreich» (BWV 737); «Sei gegrüßet Jesu gütig» (BWV 768);
César Franck: Choral No. 1 in E-Dur; Choral No. 2 in h-moll; Choral No. 3 in a-moll;
Felix Mendelssohn Bartholdy: Sonata Nr. 6 in d-moll für Orgel; Sonata Nr. 4 in B-Dur für Orgel;
Charles Marie Widor: Orgelsinfonie Nr. 6 in g-moll

Sprechplatten:
Aus meinem Leben. Radio-Vortrag Köln 20. April 1932
Vortrag über Lambarene, 1952, im Holländischen Rundfunk
Gedenkrede auf Henri Dunant, 1953
Ansprache an Schulkinder und Lehrer in der Schweiz, 1954. Zusammengestellt von MARIE WOYTT-SECRETAN und HAROLD E. ROBLES unter dem Titel: «AS spricht zu uns» bei «Deogram» (Holland)
Das Problem des Friedens in der heutigen Welt. Nobelpreisrede 1954
Aus meiner Kindheit und Jugendzeit. In der Reihe: Stimme der Wissenschaft. Akad. Verlagsgesellschaft Frankfurt
Mein Wort an die Menschen, 1964. In der Reihe: Stimmen zu unserer Zeit. Hg. von CHRISTOPH STAEWEN, Frankfurt

B) Über Schweitzer
3. *Sammelschriften, Periodika*

A Study of Schweitzer. Issued by the AS-Fellowship of Japan. Vol. 3 Tokio 1973; Vol. 4 (A memorial issue of Dr. Schweitzers 100th birthday) Tokio 1974
AS dans sa vérité. Hommage pour ses quatre-vingt-dix ans. In: Saisons d'Alsace 14 (1965)
[AS, Europa und die USA: Beziehungen und Ausstrahlung.] In: Communautés et Continents 37 (1975)
AS – Genie der Menschlichkeit. Frankfurt 1955 (Fischer-Bücherei 83)
AS – Mensch und Werk. Eine kleine Festgabe zu seinem 85. Geburtstag. Bern 1959
AMADOU, ROBERT (Hg.): AS. Études et témoignages. Paris 1952
BÄHR, HANS WALTER (Hg.): AS – Sein Denken und sein Weg. Tübingen 1962
   AS. Freiburg 1966 (Herder-Bücherei 247)
BÄHR, HANS WALTER (Hg.) und ROBERT MINDER (Hg.): Begegnung mit AS. München 1965
BÄHR, HANS WALTER, und H. ROTTA (Hg.): AS – Sonderheft der Zeitschrift Universitas 1 (1960)
BAUR, HERMANN, und ROBERT MINDER (Hg.): AS – Gespräch Basel 1967. In: Evangelische Zeitstimmen 42/43 (1969)
Ehrfurcht vor dem Leben. AS. Eine Freundesgabe zu seinem 80. Geburtstag. Bern 1954
GÖTTING, GERALD (Hg.): AS. Beiträge zu Leben und Werk. Berlin (Ost) 1966
GOETTMANN, ALPHONSE (Hg.): L'évangile de la Miséricorde. Hommage au Docteur Schweitzer pour ses 90 ans. Paris 1965

HEIPP, GÜNTHER (Hg.): Charismatische Diakonie. In memoriam AS. In: Evangelische Zeitstimmen 27 (1966)
Hommage à AS pour son quatre-vingtième anniversaire. Paris 1955
KIK, RICHARD (Hg.): AS Lambarene. Freundeskreis 1930/57. Heidenheim 1965 (Selbstverlag)
LAGERFELDT, GRETA (Hg.): AS – Mannen och hans Gärning [Mensch und Werk]. Uppsala 1938
MINDER, ROBERT (Hg.): Rayonnement ⩗AS. Colmar 1975
ROBACK, A. A. (Hg.): The AS-Jubilee Book. Cambridge/Mass. 1945
In AS's Realms. A Symposium. Cambridge/Mass. 1962
SCHNEIDER, CAMILLE (Hg.): AS – Eine Würdigung. Bern–Straßburg 1934 [Symposium der Protest.-Theol. Fakultät der Universität Straßburg zum 100. Geburtstag von AS.] In: Revue d'histoire et de philosophie religieuses 1/2 (1976)
To AS. A Festschrift, commemorating his eightieth birthday from a few of his friends. Evanston 1955
Vermächtnis und Wirklichkeit. Berlin (Ost) 1974
WENZEL, LENE (Hg.): AS gestern – heute. Eine Anthologie der Begegnungen. In: Evangelische Zeitstimmen 63/64 (1972) – Neuausgabe Bern 1974
Wir halfen dem Doktor in Lambarene. Festgabe zum 85. Geburtstag von AS, dargeboten von den schweizerischen Mitarbeitern. Zürich 1960

A. I. S. L.–Bulletin. Hg. für die Association Internationale de l'Hôpital AS à Lambaréné et de son Œuvre von H. E. ROBLES. Deventer 1976 f [mehrsprachig]
A. S. F. H. Newsletter. Hg. The AS Friendship House. Great Barrington/Mass. 1977 f
Berichte aus Lambarene. Hg. vom Schweizer Hilfsverein für das AS-Spital in Lambarene. Gegr. von HANS BAUR. Basel 1924 f [Jetzt: Thun]
Cahiers AS. Organe de l'Association française de ses Amis. Gegr. von ROBERT MINDER. Paris 1959 f
Dr. Schweitzer's Hospital Fund. Bulletin of the British Council. London
Nieuwes uit Lambarene. Wassenaar, Holland
Nouvelles de Lambarene. Assens, Schweiz
Revue Hôpital AS, Lambaréné. Hg. von der Fondation Internationale de l'Hôpital du Dr. AS à Lambaréné. 1978 f
Rundbrief für den Freundeskreis von AS und den Deutschen Hilfsverein e. V. Gegr. von RICHARD KIK. Ulm 1947 f [Jetzt: Rottenburg a. N.]
Rundbrief. AS-Komitee in der Deutschen Demokratischen Republik. Dresden 1963 f
Schweizerisches Reformiertes Volksblatt. Basel [Auch Mitteilungsorgan zum geistigen Werk und Nachlaß Schweitzers.]

4. Biographien, Gesamtwürdigungen, Reportagen

ACHTERBERG, EBERHARD: AS – Ein Leben in der Zeitenwende. Hameln 1968
ANDERSON, ERICA: ASs gift of friendship. A personal portrait of a towering spiritual leader. Yorkville/NY 2. Aufl. 1976
AUGUSTINY, WALDEMAR: AS und Du. Witten/Ruhr 1955
BABEL, HENRY: Schweitzer – tel qu'il fut. Neuchâtel 1966
BARTHELEMY, GUY: Chez le Docteur AS. Fontainebleau 1952 – Dt. Ausgabe: Wie ich Lambarene erlebte. München 1953
BAUR, HERMANN: Für oder gegen AS. In: Hippokrates 23 (1962)
BIEZAIS, H.: AS. Riga 1940
BRABAZON, JAMES: AS – A biography. New York 1975
BREMI, WILLY: Der Weg des protestantischen Menschen. Von Luther bis AS. Zürich 1953
BRODMANN, ROMAN: AS zum 90. Geburtstag. In: H. 41 der sozialen Schriftenreihe des Landesverbandes freier Schweizer Arbeiter. St. Gallen 1964
CESBRON, GILBERT: «Il est minuit, docteur Schweitzer». In: Les Œuvres libres No. 290. Paris 1951
AS. Begegnungen. Heidelberg 1958
CHRISTALLER, HELENE: AS – Ein Leben für andere. Berlin 1932 – 3., erw. Aufl. Stuttgart 1958
COUSINS, NORMAN: Dr. Schweitzer of Lambarene. New York 1960 – 2. Aufl. Westport/Conn. 1973 – Dt. Ausgabe: AS und sein Lambarene. Stuttgart 1961
DANIEL, ANITA: The story of AS. New York 1957
EDSCHMID, KASIMIR: AS. Düsseldorf 1949

EIGENHUIS, JAN: AS. Haarlem 1929
EINARSSON, SIGURBJÖRN: AS. Reykjavik 1955
FECHOTTE, JACQUES: AS. Paris 1952 – 4. Aufl. 1958 – Dt. Ausgabe in: AS. Genie der Menschlichkeit. Frankfurt a. M. 1955 (Fischer-Bücherei 83)
FLEISCHHACK, MARIANNE: Helene Schweitzer. Stationen ihres Lebens. Berlin (Ost) 1965 – 10. Aufl. 1973
FRANCK, FREDERICK: Days with AS. A Lambarene Landscape. New York 1959 – 2. Aufl. Westport/Conn. 1974
FREYER, PAUL HERBERT: AS. Ein Lebensbild. Berlin (Ost) 1978
GAERTNER, HENRYK: AS. Krakau 1978
GOLLÓMB, JOSEPH: AS. Genius in the jungle. New York 1949
GÖTTING, GERALD: AS. Pionier der Menschlichkeit. Berlin (Ost)1970 – 2. Aufl. 1979
GRABS, RUDOLF: AS. Berlin (Ost) 1949 – 2. Aufl. als: AS. Gehorsam und Wagnis. Hamburg 1957 – 3. Aufl. 1958
Sinngebung des Lebens. Aus Geist und Gedankenwelt ASs. Hamburg 1950
AS. Ein Leben im Dienste der sittlichen Tat. Berlin (Ost) 1950 – 3. Aufl. 1968
Weg und Werk eines Menschenfreundes. Stuttgart 1954
Lebensführung im Geiste ASs. Berlin (Ost) 1955 – 3. Aufl. 1967
AS. Dienst am Menschen. Halle 1961 – 6. Aufl. 1970
Tat und Gedanke. Eine Hinführung zu Weg und Lebenslehre ASs. Berlin (Ost) 1966 – 2. Aufl. 1967
AS. Wirklichkeit und Auftrag. Berlin (Ost) 1975 – 2. Aufl. 1977
Die weiteren Jahre (1931–1965). Anhang zur Neuausgabe «AS – Aus meinem Leben und Denken». Hamburg 1975
GROOS, HELMUT: AS. Größe und Grenzen. Eine kritische Würdigung des Forschers und Denkers. München 1974
HAGEDORN, HERMANN: Prophet in the wilderness. New York 1947 – Dt. Ausgabe: Menschenfreund im Urwald. Das Leben ASs. Hamburg 1954 – 3. Aufl. 1960
HAUTERRE, HENRI: AS. Nürnberg 1948
HEUSS-KNAPP, ELLY: Ausblick vom Münsterturm. Erinnerungen. Neuausgabe Tübingen 1952
ITALIAANDER, ROLF: Im Lande ASs. Hamburg 1954
JACOBI, CLAUS: Mythos des 20. Jahrhunderts. Und: Schweitzers Uhr geht anders. In: Der Spiegel 52 (1960)
KANTZENBACH, FRIEDRICH WILHELM: AS. Wirklichkeit und Legende. In: Persönlichkeit und Geschichte Bd. 50. Göttingen 1969
KARCZOCH, JAN: Zycie i myśli Alberta Schweitzera [ASs Leben und Denken]. Warschau 1977
KIK, RICHARD: Beim Oganga von Lambarene. Reutlingen 1954
Eine Reise zu AS nach Lambarene. In: 10. Rbf 1956
KRAUS, OSKAR: AS. Sein Werk und seine Weltanschauung. Charlottenburg–Bern 1926 – 2. erw. Aufl. 1929
KRIEGER, ARNOLD: Ist AS ein Heiliger? Anhang zu: Geliebt, gejagt und unvergessen. Darmstadt o. J. [1955]
LAGERFELDT, GRETA: Fyrbaken i Urskogen [Leuchtturm im Urwald]. Uppsala 1950
LAUTERBURG-BONJOUR, ELSA: Lambarene. Erlebnisse einer Bernerin im afrikanischen Urwald. Bern–Leipzig 1931
LAZARI-PAWLOWSKA, IJA: AS. Warschau 1976
Im Hause ASs. In: Monatszeitschrift Wiez (Warschau) 10 (1977)
LIND, EMIL: AS zum 75. Geburtstage. Speyer 1950
AS. Aus seinem Leben und Werk. Wiesbaden 1955
LOTAR, PETER: Vom Sinn des Lebens. Ein Gespräch zu Fünft aus Werk Leben ASs. München 1961 – 2. Aufl. 1961
MARSHALL, GEORGE, und DAVID POLING: Schweitzer. A biography. New York 1971
MINDER, ROBERT: AS. In: Europe. Paris 15. September 1927
Emmy Martin. In: ROBERT MINDER und HANS WALTER BÄHR, Emmy Martin, die Mitarbeiterin ASs. Tübingen 1964
AS, Humaniste alsacien et citoyen du monde. Sonderdruck aus: Saisons d'Alsace 18 (1966)
MONESTIER, MARIANNE: Le grand docteur blanc. Paris 1952
MONOD, THEODORE: L'hippopotame et le philosophe. Paris 1946
MURRY, JOHN MIDDLETON: The challenge of AS. London 1948
NOSSIK, BORIS M.: Schweitzer. Moskau 1971 – Dt. Ausgabe: AS – Ein Leben für die Menschlichkeit. Leipzig 1978

O'BRIEN, JOHN A.: God's eager fool. The story of a great protestant, told by a catholic priest. In: The Reader's Digest, März 1946
OSWALD, SUZANNE: Mein Onkel Bery. Erinnerungen an AS. Zürich 1971
PEET, HUBERT: Oganga, the forest doctor. London 1924
PETRITZKIJ, WILLI A.: Licht im Dschungel. Berlin (Ost) 1975 [Aus dem Russischen]
PFEIFFER, HERMANN: AS. Werden und Wirken. Kreuztal 1948
PHILLIPS, HUBERT M.: Safari of discovery. The universe of AS. New York 1958
PICHT, WERNER: AS. Wesen und Bedeutung. Hamburg 1960
PIERHAL, JEAN: AS. Das Leben eines guten Menschen. München 1955 – 3. Aufl. 1962
RAAB, KARL: AS. Persönlichkeit und Denken. [Diss.] Erlangen 1937
RATTER, MAGNUS C.: AS. Life and message. London–Boston 1935 – 2. erw. Aufl. 1950
REGESTER, JOHN D.: AS. The man and his work. New York 1931
REHM, MAX: Erinnerungen an AS in Heimat und Fremde. In: Studien der Erwin von Steinbach-Stiftung Bd. 4/1975
REINHART, JOSEF: Der Menschenfreund im Urwald. In: Helden und Helfer. Aarau 1931
RIBERAUER, RICHARD: A Lambarenei Doktor. Budapest 1932
RUSSELL, LILIAN: Meine Freunde, die Affen. Stuttgart 1951
SATO, M.: AS. Tokio 1936
SCHAEFFER, LOUIS EDOUARD: Weltenbürger. Porträts von Meistern und Freunden. Straßburg 1950
SCHÜTZ, ROLAND: Anekdoten um AS. München 1966
SEAVER, GEORGE: AS. Christian revolutionary. London 1944
 AS. The man and his mind. London 1947 – 6. Aufl. 1969 – Dt. Ausgabe: AS als Mensch und Denker. Göttingen 1949 – 10. Aufl. 1959
 AS. A vindication. Being a reply to «The challenge of AS» by John Middleton Murry. London 1950
SILVER, ALI: AS voor de Kinderen verteld. Amsterdam 1951
SNETHLAGE, H. A. C.: AS. De Man de to allen spreekt. Amsterdam 1935
STALDER, HANS: AS und sein afrikanisches Werk. Zürich 1933
STEFFAHN, HARALD: Du aber folge mir nach. ASs Werk und Wirkung. Bern 1974
 Leben mit AS. Privatdruck 1975
SUNIOUSEN, SEVALD: Legen i Urskogen. AS. [Zur Situation im Urwald. AS.] Oslo 1950
TAAP, ERIKA: Lambarener Tagebuch. Berlin (Ost) 1964 – 10. Aufl. 1974
TAKEYAMA, M.: Un héros de la lumière et de l'amour. Tokio 1940
THIELICKE, HELMUT: Verehrt, verleumdet, verherrlicht. AS wird heute 90 Jahre. In: Die Welt, 14. Januar 1965
URQUHART, CLARA: With Doctor Schweitzer in Lambarene. London 1957
WARTENWEILER, FRITZ: AS, der Urwalddoktor. Zürich 1930
WEGMANN, HANS: AS als Führer. Zürich 1928
WENZEL, LENE: AS. Lambarene einst und jetzt. Heidelberg 1975
WINKLER, JOHAN: Naar het Land van Brazza en AS. Den Haag 1951
WOLFRAM, AUREL: AS und die Krise des Abendlandes. In: Führer der Menschlichkeit 1 (1947)
WOYTT-SECRETAN, MARIE: AS. Der Urwalddoktor von Lambarene. Straßburg 1947
YOKOYAMA, Y: Schweitzer. Tokio 1950
ZWEIG, STEFAN: Unvergeßliches Erlebnis. Ein Tag bei AS [1932]. In: Begegnungen mit Menschen, Büchern und Städten. Wien 1937

5. Bildbände

ANDERSON, ERICA: The AS-Album. New York–London 1965
ANDERSON, ERICA, und EUGENE EXMAN: The world of AS. A book of photographs. New York–London 1955 – Dt. Ausgabe: Die Welt ASs. Ein Photobuch. Frankfurt o. J. [1955]
Ehrfurcht vor dem Leben. Stuttgart 1965
FISCHER, GERHARD (Hg.): AS. Leben, Werk und Wirkung. Eine Bilddokumentation. Berlin (Ost) 1977
GÖTTING, GERALD: Begegnung mit AS. Berlin (Ost) 1961 – 2. Aufl. 1962
 Zu Gast in Lambarene. Berlin (Ost) 1964
JOY, CHARLES. R., und MELVIN ARNOLD: The Africa of AS. Boston–New York 1948 – Dt. Ausgabe: Bei AS in Afrika. München 1950
SWIRIDOFF, PAUL: Lambarene. Pfullingen 1966

WOYTT-SECRETAN, MARIE: AS baut Lambarene. Königstein/Taunus 1957 – Neuausgabe 1979: Albert Schweitzers Lambarene lebt

6. Einzelgebiete

ASHBY, A. B.: Schweitzer on Bach. In: Music and Letters, Vol. XXVI (1945)
AS und die Tiere. Hg. vom Schweizer Hilfsverein für das AS-Spital in Lambarene.Vevey 1979
BABEL, HENRY: La pensée d'AS. Sa signification pour la théologie et la philosophie contemporaines. Neuchâtel o. J. [1954]
BÄHR, HANS WALTER: L'éthique cosmique d'AS et les problèmes de l'éthique naturelle. In: Presses Universitaires de France. Paris 1976
BANGERT, EMILIUS: Nogle Erindringer om AS [Einige Erinnerungen an AS]. In: Dansk Organist og Kantorsamfund, April 1905
BARTH, KARL: Die Ehrfurcht vor dem Leben. In: Kirchliche Dogmatik. Bd. III, 4. Zürich 1951
BASER, FRIEDRICH: AS. In: Die Musik, 1931
BAUR, HERMANN: ASs Ethik der Ehrfurcht vor dem Leben. Sonderdruck aus Hippokrates 7 (1965)
AS als Erzieher. In: Schweizerische Lehrerzeitung 27/28 (1968)
AS und unsere Zukunft. In: 34. Rbf 1971
BAVINK, BERNHARD: Kultur und Ethik. ASs Kulturphilosophie. In: Unsere Welt Jg. 21/1929
Begegnungen mit Alfons Paquet. In: Bibliographie A. P. Hg. vom Paquet-Archiv Frankfurt, 1958
BIRNBAUM, WALTER: Organisches Denken. Vortrag zur Feier des 85. Geburtstages von AS. In: Sammlung gemeinverständlicher Vorträge und Schriften aus dem Gebiet der Theologie und Religionsgeschichte. Tübingen 1960
BOURDIER, ROLAND: La vie et la pensée d'AS. Plaidoyer pour un nouvel humanisme médical. Université Clermont-Ferrand 1976
BOWMAN, JOHN WICK: From Schweitzer to Bultmann. In: Theology today. Vol. 11 (1954/355)
BREMI, WILLY: AS. In: Tendenzen der Theologie im 20. Jahrhundert. Eine Geschichte in Porträts. Hg. von H. J. SCHULTZ. Stuttgart 1966
Krisenzeit und Jesusforschung. Werdegang, Resultate und Ausblick. Basel 1972
Von Gott und Geist. Denkskizzen zu zwei großen Themen. Dem Andenken ASs gewidmet. Muttens 1975
BROWARZIK, ULRICH: Glaube, Historie und Sittlichkeit. Eine systematische Untersuchung über die theologischen Prinzipien im Denken ASs. [Diss.] Erlangen 1959
BURI, FRITZ: Christentum und Kultur bei AS. Bern 1941
AS und unsere Zeit. In: Schriften zur Zeit im Artemis Verlag, 1947
AS und Karl Jaspers. In: Schriften zur Zeit im Artemis Verlag, 1950
AS als Theologe heute. Schaffhausen 1955
ASs Wahrheit in Anfechtung und Bewährung. In: Schriften zur Zeit im Artemis Verlag, 1960
Zur Theologie der Verantwortung. Bern 1971
ASs Theologie in seinen Predigten. In: Theologia Practica 2 (1975)
CLARK, HENRY: The Philosophy of AS. London 1964
CULLMANN, OSCAR: ASs Auffassung der urchristlichen Reichgotteshoffnung im Lichte der heutigen neutestamentlichen Forschung. In: Evangelische Theologie, Nov. 1965
DODD, E. M.: Kierkegaard and Schweitzer. An essay in comparison and contrast. In: London Quarterly Review, April 1945
EMMEL, FELIX: [Rezension über die «Kulturphilosophie».] In: Preußische Jahrbücher Bd. 195/1924
FERINGA, KORNELIS: Terugblik of ASs orgelconcerten in Nederland. Deventer 1977
GEISER, SAMUEL: AS im Emmental. Zürich 1974
GRABS, RUDOLF: Die Weltreligionen im Blickpunkt ASs. Jena 1953
AS. Denker aus Christentum. Halle 1958
HEINSHEIMER, HANS W.: Ein Heiliger läßt auf sich warten. In: Schönste Grüße an Aida. Ein Leben nach Noten. München 1969
HIDDING, K. A. H.: Mystiek en ethiek in Schweitzers geest. Een anthropologische studie. Haarlem 1938

HYGEN, JOHAN B.: ASs Kulturkritik. Eine Einführung. [Aus dem Norwegischen] Göttingen 1955
ICE, JACKSON LEE: Schweitzer. Prophet of radical theology. Philadelphia 1971
JACOBI, ERWIN R.: AS – Der Musiker. In: Schweizer musikpädagogische Blätter 3 (1958)
AS. In: Die Musik in Geschichte und Gegenwart. Allg. Enzyklopädie der Musik. Bd. 12. Kassel 1965
Der musikalische Nachlaß von AS. In: BL 38/1974
Die Musik im Leben und Schaffen von AS. In: Musik und Gottesdienst 1 (1975)
AS und die Musik. Wiesbaden 1975
JUNGK, ROBERT: Der Menschenfreund gegen die Atomversuche. Anhang zu: JEAN PIERHAL, AS. Das Leben eines guten Menschen. München 1955 – 3. Aufl. 1962
KAEMPF, BERNARD: Fondements et actualité de l'éthique d'AS. [Diss.] Straßburg 1975
KASAI, KEÜJÜ: Die Bedeutung des Christentums in der heutigen Welt bei AS und Paul Tillich. [Diss.] Basel 1977
KEYSERLING, HERMANN: [Rezension über die «Kulturphilosophie».] In: Der Weg zur Vollendung. Mitteilungen der Schule der Weisheit 10 (1925)
LANGFELDT, GABRIEL: AS. A study of his philosophy of life. London 1960
LIND, EMIL: AS – Ein Leben für J. S. Bach. Speyer 1950
Die Universalmenschen Goethe und AS. Parallelen zwischen Weimar und Lambarene. Neustadt 1964
LÖNNEBO, MARTIN: ASs etisk-religiösa ideal. Stockholm 1964
MAI, HERMANN: Der Arzt AS. In: Jahresbericht 1967 der Gesellschaft z. Förderung d. Westf. Wilhelms-Universität zu Münster
ASs Denken und Handeln als Arzt. In: Universitas 12 (1975)
MARGOLIUS, HANS: Die Ethik ASs. In: 5. Rbf 1954
Bemerkungen zur Ethik ASs. In: 24. Rbf 1964
Die Ethik ASs und das Judentum. In: 37. Rbf 1973
MEILI, KONRAD: Die Lehre von Gott und die Lehre von Christus bei AS. In: Theologische Blätter Jg. 13/1934
MERZ, NIKLAUS: Reich Gottes im theologischen und philosophischen Denken von AS. Universität Basel 1975
MESSER, AUGUST: ASs Kulturphilosophie. In: Philosophie und Leben Jg. 1/1925
METZGER, HANS ARNOLD: Mit AS auf holländischen Orgeln. In: Musik in Württemberg 5 (1932)
MINDER, ROBERT: Schweitzer, Sartre und der Großvater. In: Süddeutsche Zeitung, 16./17. Januar 1965
Warum Schweitzer nach Lambarene ging. In: Süddeutsche Zeitung 24./25. Januar 1976
MITSCHISCHEK, ERHARD: Objektive und subjektive Motivation – Bemerkungen zu Schweitzers Ethik. In: 40. Rbf 1975
MONFRINI, HENRI: Schweitzer demain. Lausanne 1966
MOSER, HANS JOACHIM: Das Bachbild ASs. In: Zeitschrift für Musik 1 (1955)
MOZLEY, E. N.: The theology of AS for christian enquirers. With a substantial epilogue by AS. London 1950
MÜLLER, ROLF: 50 Jahre AS-Spital in Lambarene. Sonderdruck aus: Münchner Med. Wochenschrift 51 (1963)
NEUENSCHWANDER, ULRICH: Denker des Glaubens. Bd. 1. Gütersloh 1974
La suite de la philosophie de la civilisation dans les manuscrits posthumes d'AS. In: Revue d'histoire et de philosophie religieuses 1/2 (1976)
NIES-BERGER, EDOUARD: Die Günsbacher Orgel und AS. In: Ars organi 51 (1976)
NITSCHKE, AUGUST: AS. Ein Historiker in Auseinandersetzung mit der modernen Theologie. In: 30. Rbf 1967
NOLL, RAINER: AS und mein Weg zur Orgel – Summe und Bekenntnis. In: BL 39/1975
OTTO, BERND: Strukturwandlungen der menschlichen Person. Ein Vergleich der Auffassungen J. H. Pestalozzis und ASs. In: 32. Rbf 1969
ASs Beitrag zur Friedenspolitik. In: Evangelische Zeitstimmen 67/68 (1974)
PFEIFFER, HERMANN: AS oder die Wiedergeburt der Kultur aus dem Denken. In: Die Sammlung, Aug./Sept. 1946
PRIBNOW, HANS: Jesus im Denken ASs. In: Schriftenreihe Freies Christentum. Beiheft 50/51 (1964)
QUOIKA, RUDOLF: ASs Begegnung mit der Orgel. Berlin 1954
Ein Orgelkolleg mit AS. Freising 1970
REES, THEOPHIL: AS. Ehrfurcht vor dem Leben. Karlsruhe 1947
REINER, HANS: Die Zukunft der Ethik ASs. In: The Journal of Value Inquiry. Vol. 2/1968

ROLFFS, ERNST: AS als ethisches Phänomen und theologisches Problem. In: Deutsches Pfarrerblatt Jg. 35/1931

SCHMIDT, MARTIN: AS als Theologe. In: Studien der Erwin von Steinbach-Stiftung Bd. 2/1968

SCHÜTZ, ROLAND: ASs Christentum und theologische Forschung. In: 9. Rbf 1956

SPEAR, OTTO: Kein Vorrecht auf Leben, Glück und Rang. Reflexionen zu ASs Ethik. In: 42. Rbf 1976

ASs Ethik. Ihre Grundlinien in seinem Denken und Leben. In: Evangelische Zeitstimmen 80 (1978)

SPIEGELBERG, HERBERT: ASs «Anderer Gedanke»: Glück verpflichtet. Philosophische Aspekte. In: Universitas 10 (1974)

STEFFAHN, HARALD: Goethe und AS. Ein Versuch. In: 22. Rbf 1963

STOEVESANDT, KARL: AS als Arzt und Helfer der Menschheit. In: Evang. Theologie Jg. 15/1955

STREGE, MARTIN: Zum Sein in Gott durch Denken. Eine Darstellung der ethischen Mystik ASs. Leipzig 1937

Das Reich Gottes als theologisches Problem im Lichte der Eschatologie und Mystik ASs. Stuttgart 1956

Ehrfurcht vor dem Leben. Eine kurze allgemeinverständliche Darstellung der Grundlehre ASs. Grünstadt/Pfalz 1963 (Selbstverlag)

ASs Religion und Philosophie. Eine systematische Quellenstudie. Tübingen 1965

SUTHERLAND, GORDON: The Schweitzerian Heresy. In: Music and Letters Vol. XXIII/1942

TAU, MAX: AS und der Friede. Hamburg 1955

VALENTIN, ERICH: Praeceptor hominum. AS als Lehrer und Vorbild. In: Zeitschrift für Musik 1 (1955)

VALLOTON, PIERRE: AS et la facture d'orgues. In: L'Orgue 122/123 (1967)

VANDENRATH, JOHANNES: AS und Schopenhauer. In: Schopenhauer-Jahrbuch 1968

WEISS, ROBERT: AS als Arzt und als Mensch. Kehl 1976

WERNER, MARTIN: AS und das freie Christentum. Zürich 1924

Das Weltanschauungsproblem bei Karl Barth und AS. Eine Auseinandersetzung. Bern 1924

Die religiöse Botschaft ASs. In: Schweizerische Theologische Umschau 1 (1955)

Die Bedeutung der Theologie ASs für den christlichen Glauben. In: Glaube und Aberglaube. Bern 1957

WINNUBST, BENEDICT: Das Friedensdenken ASs. Amsterdam 1974

WISSER, RICHARD: AS und Karl Jaspers. Gemeinsame Horizonte in geschichtsphilosophischer Sicht. In: 37. Rbf 1973

WOLFF, CHRISTIAN: Les ancêtres d'AS. Liste établie par le Cercle généalogique d'Alsace et présentée par Ch. W. Straßburg 1978

ZERASCHI, HELMUT: AS und sein Leipziger Musikverlag. In: Musik und Gesellschaft 5 (1966)

ZÜRCHER, JOHANN: Auf der Suche nach dem richtigen Text. Über die Arbeit am philosophischen und theologischen Nachlaß ASs. In: Der Bund, 31. Dezember 1974

Nachwort

Für Unterstützung bei der Bibliographie danke ich den Fachautoritäten Hans Walter Bähr, Hermann Baur, Fritz Buri, Manfred Hänisch, Hermann Mai, Johann Zürcher, ganz besonders Erwin R. Jacobi. Ein Wort des Gedenkens gehört einer Frau, die schwer krank die Vorauswahl der Bilder (mit Ali Silver) traf. Renate Schultz starb Ende November 1977. Ihr Mann Hans Jürgen Schultz, der dieses Buch eigentlich schreiben sollte, ordnete jenes Bildmaterial. Daraus ist viel verwendet worden.

Schweitzers Lambarene besteht als Symbol seiner Gedanken fort. Ohne private Zuwendungen kann die Heilstätte auch heute nicht leben. Viele unterstützen sie mit dem Opfer der kleinen Spende, die dem Gründer daher besonders wertvoll war (*Armen können nur Arme helfen*). Aber oft fehlt dem guten Willen die Adresse. Der Deutsche Hilfsverein für das Lambarene-Spital verwendet die Spenden für Schweitzers humanitäres Lebenswerk und unterstützt auch die Erhaltung des Schweitzer-Hauses (Archiv, Museum) in Günsbach. Postscheckkonto 109-308 Hannover.

Dank für Spenden von Albert Schweitzer

Namenregister

Die kursiv gesetzten Zahlen bezeichnen die Abbildungen

Albrecht, Paul 20
Amos 19
Anderson, Erica 10, 124; Anm. 115; *123*

Bach, Johann Sebastian 25, 40, 50f, 80, 116, 122, 133, 140
Barth, Karl 101, 141; Anm. 216
Bartholdi, Frédéric-Auguste 67
Baur, Hermann 102, 103; Anm. 224
Bebel, August 22
Beethoven, Ludwig van 61, 133
Behn, Fritz 133, 139
Bismarck, Otto Fürst von 24
Boegner, Alfred 67, 69, 70f, 77
Brahms, Johannes 35
Bräsch, Heinrich 32
Breßlau, Harry 76
Breßlau, Helene s. u. Helene Schweitzer
Brion, Friederike 119
Brodmann, Roman Anm. 8, 9, 10, 16
Bruat, Armand Joseph 67
Bultmann, Rudolf 47
Burckhardt, Carl J. 142
Buri, Fritz 45

Caesar, Gaius Iulius 83
Cavaillé-Coll, Aristide 58
Claudius, Johannes 38
Claudius, Matthias 19, 36, 38
Cousins, Norman 128; Anm. 206, 258
Curtius, Ernst 64

Deecke, Wilhelm 34, 63
Dibelius, Martin 47
Dinner, Fritz 133
Driesch, Hans 101

Eckert-Schweitzer, Rhena s. v. Rhena Schweitzer
Einstein, Albert 19, 45f, 126, 131, 140, *126*
Eisenhower, Dwight David 128
Erasmus von Rotterdam 94
Exman, Eugene Anm. 115

Fechotte, Jacques Anm. 238

Fehling, Hermann 73
Fichte, Johann Gottlieb 119
Franck, César 61
Franck, Frederick Anm. 17

Gaulle, Charles de 138
Gillot, Hubert 26
Goethe, Johann Wolfgang von 34, 40, 61, 74, 119f, 125, 138, *120*
Grabs, Rudolf 134
Groos, Helmut 45, 121; Anm. 83, 88, 95, 128, 218

Hahn, Otto *127*
Hammarskjöld, Dag 125
Hartmann, Max 125
Haushofer, Albrecht 140
Haussknecht, Emma 112, *113*
Hebel, Johann Peter 36
Hegel, Georg Wilhelm Friedrich 119
Heine, Heinrich 124
Heisenberg, Werner *127*
Hesse, Hermann 140
Heuss, Theodor 45
Heuss-Knapp, Elly 71, 77; Anm. 151, 168
Hill, Jerome 124
Holtzmann, Heinrich Julius 40, 42
Hopf, Emy 54
Humboldt, Wilhelm von 39

Jacobi, Claus 141; Anm. 7, 18, 27, 231
Jacobi, Erwin R. 59; Anm. 96, 107, 120, 127
Jacobi, Margit Anm. 163
Jaëll-Trautmann, Marie 62
Jesus 14, 28, 38, 40f, 50, 52, 63, 65, 70, 72, 73, 74f, 85, 98, 99, 100, 119, 121, 122, 133, 140, *41*
Johnson, Lyndon Baines 19
Joseph 79f, 84, 91

Kant, Immanuel 62f, 119, 122, *63*
Kennedy, John Francis 19
Kik, Richard 138
Kottmann, Mathilde 15, 21, 108, 132, 137, *20*

Lauterburg, Marc 84
Leonardo da Vinci 16
Lessing, Gotthold Ephraim 42
Litt, Theodor 141
Lüpke, Gustav von 63
Luther, Martin 19, 49

Madelung, Otto Wilhelm 74
Mai, Hermann 90
Mann, Thomas 56
Markus 42
Martin, Emmy 119, 132, 133, *118*
Mathias, F. X. 137
M'Ba, Leon 142
Meiner, Felix 63
Mendelssohn Bartholdy, Felix 35, 53, 61
Michel, Charles 116
Minder, Robert 36, 73, 131, 133, 142; Anm. 71, 126; *131*
Morel, Georgette 77, 78f, *81*
Morel, Léon 77, 78, *81*
Mörike, Eduard 15
Moses 73
Mozart, Wolfgang Amadé 52
Müller, Rolf 90: Anm. 189
Münch, Eugen 35, 136
Munz, Walter 132

Napoleon III. 25
Neßmann, Viktor 138
Nies-Berger, Edouard 59
Nietzsche, Friedrich 92f, 95
Noll, Rainer Anm. 106

O'Biangé 132
Ogouma, Emil 96
Oswald, Suzanne Anm. 29, 32, 41, 70, 167, 169

Paulus 121, 133
Pétain, Philippe 139
Pfister, Oskar 26
Philipp, Isidore 62
Picht, Werner 96, 99, 101; Anm. 89, 205, 209, 217, 223, 241
Planck, Max 45
Platon 34

Ramin, Günther 54
Reimarus, Hermann Samuel 42
Russell, Bertrand 125
Russell, Lilian 110

Sabais, Heinz-Winfried 56
Saint-Exupéry, Antoine de 108
Sartre, Jean-Paul 35, 141
Scheler, Max 101

Schiller, Friedrich 65
Schillinger, Johann Jakob 30, 102, *103*
Schirmer, Rudolf Ernst 59
Schmeling, Max 108
Schmidt, Karl Ludwig 47
Schopenhauer, Arthur 92, 101
Schubert, Franz 61
Schumann, Robert 61
Schütz, Roland Anm. 233
Schweitzer, Adele (Mutter), 22, 25, 31, 73, 136, 137, *24*
Schweitzer, Adele (Schwester) 136
Schweitzer, Auguste 35
Schweitzer, Charles 35
Schweitzer, Helene 76f, 78, 85, 91, 96, 112, 115, 117, 137, 138, 139, *76, 81, 111, 122*
Schweitzer, Johann 136
Schweitzer, Johann Nikolaus 136
Schweitzer, Louis 33, 35
Schweitzer, Ludwig 22, 25, 28, 31, 35, 36, 67, 117, 136, 137, *24*
Schweitzer, Luise 37, 136
Schweitzer, Marguerite 136
Schweitzer, Paul 136
Schweitzer, Philippe 25, 30, 35
Schweitzer, Rhena 115, 117, 132, 137, *117*
Siefert, Jeannette 109
Silbermann, Johann Andreas 58
Silver, Ali 15, 132, 133
Söderblom, Nathan 115, 137, *115*
Sokrates 63
Spear, Otto 126; Anm. 254
Spinoza, Baruch de 119
Spitta, Philipp 51f
Spranger, Eduard 39
Steffahn, Harald Anm. 4, 11, 30, 31, 33, 37, 76, 92, 201, 220, 247
Stoltz, Prof. 137

Tau, Max 108, 130
Teller, Edward 130
Thielicke, Helmut 141
Trensz, Fritz 85

Wagner, Richard 60
Wehmann, Dr. 33, *34*
Weiß, Johannes 43
Wernle, Paul 42
Widor, Charles Marie 25, 50, 53, 58, 59, 61, 62, 71, 136, *51*
Winnubst, Benedict 125; Anm. 253, 269
Woytt, Gustave Anm. 145
Wrede, William 42, 75
Wundt, Wilhelm 101

Ziegler, Theobald 62, 63
Zürcher, Ida 53

Über den Autor

Harald Steffahn, geboren 1930 in Berlin und dort aufgewachsen, volontierte nach dem Abitur zwei Jahre bei einer Hamburger Tageszeitung. 1951–1959 Studium der Geschichte und Politischen Wissenschaften in Hamburg und Berlin. Promotion zum Dr. phil. Rückkehr zum Journalismus mit den Berufsstationen «Spiegel»-Archiv, Auslandsressort der Deutschen Presse-Agentur, politische Redaktion der «Zeit». Seit 1975 freier Journalist und Schriftsteller. Aus zwei Lambarene-Aufenthalten von je vier Wochen, 1961 und 1964, entstand zehn Jahre später zum 100. Geburtstag Albert Schweitzers das Buch «Du aber folge mir nach». 1983 erschien rowohlts monographien Bd. 316 «Adolf Hitler».

Quellennachweis der Abbildungen

Aus: Emil Lind, Die Universalmenschen Goethe und Schweitzer. Parallelen zwischen Weimar und Lambarene. Neustadt/Weinstraße 1964: 6
Aus: Erica Anderson, Die Welt Albert Schweitzers. Frankfurt o. J.: 8, 60, 83, 123
Foto Harald Steffahn: 11, 16, 17, 33, 46, 88
Foto R. Schultz: 23, 30
Aus: Richard Kik (Hg.), Albert Schweitzers Lambarene. Freundeskreis 1930/57. Heidenheim 1965 (Selbstverlag): 12, 68, 113, 133
Aus: Norman Cousins, Albert Schweitzer und sein Lambarene. Stuttgart 1961: 13
Aus: Samuel Geiser: Albert Schweitzer im Emmental, Zurüch 1974: 20
Aus: Cahiers Albert Schweitzer. Organe de l'Association française de ses amis: 21, 128
Aus: Albert Schweitzer-Kalender: 29, 100
Aus: Robert Minder, Albert Schweitzer. Humaniste alsacien et citoyen du monde. Sonderdruck aus: Saisons d'Alsace 18/1966: 31, 51, 97, 103, 117, 131
Aus: Erwin R. Jacobi, Albert Schweitzer und die Musik. Wiesbaden 1975: 57
Historia Photo, Hamburg: 63
Aus: Werner Picht, Albert Schweitzer. Wesen und Bedeutung. Hamburg 1960: 69, 114
Aus: Rundbrief für den Freundeskreis von Albert Schweitzer: 72, 112, 116, 122, 127, 155
Aus: Marie Woytt-Secretan, Albert Schweitzer baut Lambarene. Königstein/Taunus 1957: 79, 81 o., 81 u., 82, 86, 93
Aus: Paul Swiridoff, Lambarene. Pfullingen 1966: 18, 87
Aus: Roland Schütz, Anekdoten um Albert Schweitzer. München 1966: 106
Aus: Helene Christaller, Albert Schweitzer. Ein Leben für andere. 3. erw. Auflg. Stuttgart 1958: 109
Aus Robert Minder, Hans Walter Bähr (Hg.), Emmy Martin, die Mitarbeiterin Albert Schweitzers. Tübingen 1964: 118 u.
Rowohlt Archiv: 120
Aus: Aus dem Leben und Denken Albert Schweitzers. Ein Leseheft für den Unterricht. Zusammengestellt von Pfarrer R. Brüllmann: 132
Archives Centrales Albert Schweitzer, Günsbach: 27, 34, 53, 55, 75, 115, 126
Gustave Woytt, Straßburg: 24, 47, 76
Foto F. Raess: 118 o.
Tove Tau, Oslo: 111
Ehem. Sammlung Herr von Nemes, München: 41

Harald Steffahn

Du aber folge mir nach

Albert Schweitzers Werk und Wirkung

Albert Schweitzers Lebenswerk reicht über seine ärztliche Arbeit im Urwald hinaus. Am stärksten ist er als Ratgeber für ein menschenwürdiges Dasein: Durch seine Gedanken hierüber und durch sein gelebtes Vorbild: «Du aber folge mir nach» ist Biographie, Deutung und Erlebnisbericht zugleich, als Buch, das aus der Sicht der Enkelgeneration sowohl kritisch prüft, wie auch das Bleibende an Schweitzer herauszuarbeiten sucht; das mit vielfältigen Zitaten aus seinen Werken zu eigener Lektüre hinführen will und zugleich diese Werke interpretiert. Es ist ein Versuch, eine der beispielgebenden Persönlichkeiten des 20. Jahrhunderts nicht nur in ihrem Daseinsablauf darzustellen, sondern zu zeigen, wie wir «mit Schweitzer leben» und dadurch unser Leben bereichern können.

256 Seiten mit 31 Abbildungen, geb. Fr./DM 34.80

«Im Buch über ‹Albert Schweitzers Werk und Wirkung› von dem Journalisten und Schriftsteller Harald Steffahn, handelt es sich um eine allgemein verständliche und sachliche Analyse dessen, was von Schweitzers Leben und Werk fortwirken kann.»
(Neue Zürcher Zeitung)

 Verlag Paul Haupt Bern und Stuttgart